世紀
人物100

從米老鼠到夢幻王國

華德・迪士尼

張燕風　著

三民書局

獻給孩子們的禮物

主編的話

世界上最幸福的孩子，是他們一出生就有機會接近故事書，想想看，那些書中的人物，不論古今中外都來到了眼前，與他們相識，不僅分享了各個人物生活中的點滴，孩子們的想像力也隨著書中的故事情節飛翔。

不論世界如何演變，科技如何發達，孩子一世幸福的起源，仍然來自於父母的影響，如果每一個孩子都能從小在父母親的懷抱中，傾聽故事，共享閱讀之樂，長大後養成了閱讀習慣，這將是一生中享用不盡的財富。

三民書局的劉振強董事長，想必也是一位深信讀書是人生最大財富的人，在讀書人口往下滑落的多元化時代，他仍然堅信讀書的重要，近年來，更不計成本，連續出版了特別為孩子們策劃的兒童

文學叢書，從「文學家」、「藝術家」、「音樂家」、「影響世界的人」系列到「童話小天地」、「第一次」系列，至今已出版了近百本，這僅是由筆者主編出版的部分叢書而已，若包括其他兒童詩集及套書，三民書局已出版不下千百種的兒童讀物。

劉董事長也時常感念著，在他困苦貧窮的青少年時期，是書使他堅強向上，在社會普遍困苦，而生活簡陋的年代，也是書成了他最好的良伴，他希望在他的有生之年，分享這份資產，讓下一代可

以充分使用，讓親子共讀的親情，源遠流長。

　　「世紀人物100」系列早就在他的關切中構思著，希望能出版孩子們喜歡而且一生難忘的好書。近年來筆者放下一切寫作，接下這份主編重任，並結合海內外有心兒童文學的作者共同為下一代效力，正是感動於劉董事長致力文化大業的真誠之心，更欣喜許多志同道合的朋友，能與我一起為孩子們寫書。

　　「世紀人物100」系列規劃出版一百位人物故事，中外各占五十人，包括了在歷史上有關文學、藝術、人文、政治與科學等各行各業有貢獻的人物故事，邀請國內外兒童文學領域專業的學者、作家同心協力編寫，費時多年，分梯次出版。在越來越多元化的世界中，每個人都有各自的才華與潛力，每個朝代也都有其可歌可泣的故事，但是在故事背後所具有的一個共同點，就是每個傳主在困苦中不屈不撓，令人難忘的經歷，這些經歷經由各作者用心博覽有關資料，再三推敲求證，再以文學之筆，寫出了有趣而感人的故事。

　　西諺有云：「世界因有各式各樣不同的人群，才更加多采多姿。」這套書就是以「人」的故事為主旨，不刻意美化傳主，以每一位傳主的生活經歷為主軸，深入描寫他們成長的環境、家庭教育與童年生活，深入探索是什麼因素造成了他們與眾不同？是什麼力量驅動了他們鍥而不捨的毅力？以日常生活中

的小故事，來描繪出這些人物，為什麼能使夢想成真。為了引起小讀者的興趣，特別著重在各傳主的童年生活描述，希望能引起共鳴。尤其在閱讀這些作品時，能於心領神會中得到靈感。

和一般從外文翻譯出來的偉人傳記所不同的是，此套書的特色是，由熟悉兒童文學又關心教育的作者用心收集資料，用有趣的故事，融入知識，並以文學之筆，深入淺出寫出適合小朋友與大朋友閱讀的人物傳記。在探討每位人物的內在心理因素之餘，也希望讀者從閱讀中，能激勵出個人內在的潛力和夢想。我相信每個孩子在年少時都會發呆做夢，在他們發呆和做夢的同時，書是他們最私密的好友，在閱讀中，沒有批判和譏諷，卻可隨書中的主人翁，海闊天空一起遨遊，或狂想或計畫，而成為心靈知交，不僅留下年少時，從閱讀中得到的神交良伴（一個回憶），如果能兩代共讀，讀後一起討論，綿綿相傳，留下共同回憶，何嘗不是一幅幸福的親子圖？

2006 年，我們升格成為祖字輩，有一位朋友提了滿滿兩袋的童書相送，一袋給新科父母，一袋給我們。老友是美國國家科學院院士，曾擔任過全美閱讀評估諮議委員，也是一位慈愛的好爺爺，深信閱讀對人生的重要。他很感性的說：「不要以為娃娃聽不懂故事，我的孫兒們一出生就聽我們唸故事書，長大後不僅愛讀書而且想像力豐富，尤其是文字表達能力特別強。」我完全同意，並欣然接受那兩袋最珍貴的禮物。

因為我們同樣都是愛讀書、也深得讀書之樂的人。

謹以此套「世紀人物 100」叢書送給所有愛讀書的孩子和家庭，以及我們的孫兒——石開文，他們都是世界上最幸福的孩子，因為從小有書為伴，與愛同行。

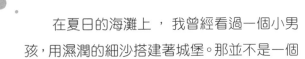

作者的話

在夏日的海灘上， 我曾經看過一個小男孩，用濕潤的細沙搭建著城堡。那並不是一個簡單的工程，有時堆上去的沙會往下滑落，有時會被輕拍著岸邊的海浪給沖壞了。但是，小男孩並不在乎，他一邊修補著，一邊繼續不斷的往上堆造著心目中的城堡。他那聚精會神的可愛模樣，不但讓沙灘上許多的遊客們駐足觀看，也吸引了我一直的看下去。過了好長的時間，「城堡」終於搭起來了！小男孩的臉上露出了燦爛的笑容，圍觀的人們也歡呼著為他鼓掌叫好。

那一刻，我真羨慕那個小男孩。他用堅定的信念、辛勤的小手，

實現了一個單純又有趣的夢想！反觀在成人的世界裡，好像總是有太多做不完的、更重要的事，等待著去處理，怎麼可能會花上大半天的時間，去玩堆沙的遊戲呢？嗯，也許，這就是為什麼在大人們的臉上，往往找不到發自內心的笑容。

因為，大人們常常在忙碌的生活中，失落了那一份寶貴的「童心」。

在寫這本書的時候，我參考了許多關於「華德‧迪士尼」的資料，他使我一再想起了沙灘上的那個小男孩。華德在他六十五年的生命裡，容顏和體態隨著歲月而漸漸老去，但是他卻一直保有一顆天真爛漫的赤子之心。他永遠像個孩子一般，去追逐，去完成他心

中一個又一個的夢想。

　　華德小時候在農場上住過，他夢想著畫出可以「動起來」的畫，好把他和各種小動物之間的趣事,展現給妹妹和其他的小朋友們看。這個想法，帶他步入了那時候剛剛興起的卡通片行業。接著，他又夢想著創造出一些卡通人物：米老鼠、唐老鴨、白雪公主和七個小矮人、皮諾丘和小蟋蟀班吉明、小鹿斑比和小飛象當博等等，藉由他們在銀幕上的表演，將歡笑和溫暖帶給全世界的人們。

　　華德的夢想是從來沒有停止過的。他想建造出一個人人都可以得到歡樂的園地。但是一個大規模的遊樂園，畢竟不是一個人就可以搭建起來的沙灘小城堡。華德除了有豐富的想像力和創造力，還有寬大無私的胸襟，和知人善任的本領。他把公司的行政和財務全權交給了三哥「洛依‧迪士尼」，又把繪圖、製片等技術工作，交給好朋友「烏比‧艾維克」。他還組成了不同的思考團隊，為如何建造理想中的「夢幻王國」一同絞腦汁。在這些伙伴們的共同努力之下，華德為人們創造出最堂皇、最具魔幻性和娛樂性的「迪士尼樂園」和「迪士尼世界」。

　　華德的卡通影片和遊樂園，就像沙灘上男孩的城堡，雖然在創造的過程中，遭遇到許多波折，但憑著信心、努力和一份難能可貴的「童心」，不但給自己帶來滿足和快樂，也給別人帶來了無數的歡笑和希望。

有人說：「每個人的心中，都住著一個小孩。」我覺得，華德‧迪士尼，這位偉大的傳奇人物，他一生最大的貢獻，就是使世界上所有的人，不分男女老幼，不分種族文化，都能找到他們心中住著的那個小孩。

寫書的人

張燕風

從小就喜歡塗塗抹抹，曾經榮獲過臺北螢橋國小的繪畫獎，因此她心想長大要做個畫家。後來進了功課繁重的北一女和政治大學的統計系，畫家夢就逐漸消失了。

大學畢業後，來到美國讀約翰霍浦金斯大學的研究院。那時候，曾在學校的宿舍內，看了不少卡通片。教科書的書角和筆記本的紙邊上，常被她畫滿了穿著大鞋子的米老鼠和戴水手帽的唐老鴨。她想修完碩士學位後，也許再去學畫漫畫。

接著，她進入電腦業工作，同時還要相夫教子，學漫畫的夢也就慢慢淡忘了。直到她寫這本「華德‧迪士尼」傳記的時候，她開始夢想下半輩子的繪畫生涯。

雖然起步可能晚了些，但是許願之星不是說過嗎？「只要有夢想，就可能實現」。

這是張燕風寫這本書，得到的最寶貴的心得。

從米老鼠到夢幻王國

華德‧迪士尼

目次

世紀人物
100

華德・迪士尼

1901～1966

1 許願之星

　　哈囉，朋友！真高興在這裡遇見你啊！你看我挺眼熟的，對嗎？沒錯，我是小蟋蟀班吉明，也就是「木偶奇遇記」中的那個「良知先生」。你再仔細瞧瞧，我們所在的地方，不正是小木偶「皮諾丘」的家鄉嗎？

　　呵呵呵，你的運氣可真不錯，剛好趕上了今天在老木匠家中舉行的大聚會，那裡有很多你所熟悉的卡通人物，好玩兒極啦。怎麼樣？跟我一塊兒去湊湊熱鬧吧！

　　你一定聽說過那位帶給人類最多歡樂的「華德·迪士尼」先生吧？他總喜歡人們直接稱呼他的名字，那麼，我們就照他的意思，稱他為「華德」。嗯，今天啊，是華德的誕辰紀念日。雖然，他早已經離開我們去了天國，但是每年的 12

月5日，大家都會不約而同的，從各地趕到老木匠家中，一起慶祝華德的生日，並感謝他為我們這些卡通人物創造了不朽的生命。

哎！這呼呼的北風吹得讓人發抖，是嗎？來來，我們一邊唱歌一邊快步走，就不會冷啦！好吧，我就先起個頭，「吹聲口哨，嗚嗚嗚，吹聲口哨，嗚嗚嗚……讓良知先生帶你向前走，向前走……」

你看，前面那個紮滿了氣球的小屋，就是老木匠的家了！哎喲，瞧那鬧哄哄的，好像客人都到齊啦，今年輪到我當主持人，我可不能遲到啊！朋友，平常蟋蟀一跳就好幾尺遠，你牽好我的手，讓我們一塊兒跳著過去，會快多啦！

嗨，老木匠、皮諾丘！嗨，小飛俠、小精靈！嗨，米老鼠！嗨，唐老鴨、高飛狗、小鹿斑比、小飛象……啊，還有，美麗的白雪公主，妳也來啦？那七個小矮人也都

到了嗎？讓我來數數，博士、快樂、害羞、笨瓜、噴嚏、牢騷……咦？還有「瞌睡」呢，他怎麼沒來？喔，喔，還在家裡睡覺啊？也好，朋友，你就坐在「瞌睡」的空位上吧，那兒靠近壁爐，暖和著呢。我們的慶祝會就要開始啦！

噓──各位，各位，請安靜下來──。我是蟋蟀班吉明，這次大會的主持人。剛才我在來這裡的路上，遇見一位新朋友，喏，就是坐在小矮人「瞌睡」位子上的那個新朋友。讓我們先用熱烈的掌聲表示歡迎。啪！啪！啪！啪！啪！

夠了，夠了，朋友，你也別客氣的猛鞠躬了，快坐下來好好享受今天的節目吧。

嗯，讓我先清清喉嚨……嗯……每年這個時候呀，我們都要歡聚在老木匠的家裡，一起慶祝「華德‧迪士尼」的誕辰。人人都說華德是卡通大王，你們想想，這個世

界上若沒有他的誕生，又哪裡會有後來我們這群卡通人物的存在呢？因此，這個日子，對大伙兒來說，的確是有重大的紀念意義的。

依照大會的傳統，每年聚會的主持人，可以自行決定節目。大家都知道的，我，小蟋蟀班吉明，最愛說故事了。好多年前，我講過一個「木偶奇遇記」的故事。後來流傳了出去，華德就把它拍成了卡通影片，結果造成了世界性的轟動。老木匠和小木偶「皮諾丘」從那之後，就變成了人人皆知的國際紅星呢。老木匠為了報答華德，特別把他的小屋開放，讓所有的卡通迷來參觀，也讓我們這伙人，有個固定的聚會場所。你們看，老木匠在後座猛點頭呢，他很同意我的說法。

老木匠告訴過我，他曾經對著夜空中出現的第一顆星星許願，希望他做出來的小木偶，能夠變成一個真正的小男孩。結果，許願之星

就真的答應了他的要求！你們再看看，坐在老木匠身邊的，那個可愛的小男孩，就是小木偶「皮諾丘」變成的呢。嗯——當然囉，我這位「良知先生」的功勞也不小。呵呵呵，是我指引皮諾丘要誠實、勇敢和不自私的啦！

至於今天的節目嘛，我想……還是由我，小蟋蟀班吉明，給大家說另外一個小男孩和許願之星的故事吧！這個小男孩長大之後，變成了一個偉大的世紀人物，給全世界帶來了數不清的歡笑和快樂，也實現了他小時候對許願之星所許的願望。喔，喔，有人已經猜到我要講誰了！對，對，對！就是我們共同的好朋友「華德‧迪士尼」先生。

那位新來的朋友啊，也許你對華德的生平並不太熟悉，我知道，你一定會喜歡這個有關於他的故事。那麼，就請你舒舒服服的坐好了，聽我慢慢的告訴你吧！

2 農場上的
快樂童年

　　嗯，所有的故事，好像都是這樣開始的。從前──

　　其實，也沒有多久以前啦！就是在 1906 年的時候，有一個姓「迪士尼」的家庭，從大城市芝加哥搬去密蘇里州的一個叫做「馬瑟林」的小城鎮。他們買了一座有四十五畝地那麼大的農莊。爸爸想，反正家裡男孩子多，不愁沒人手，全家都可以幫著在農場上幹活兒呀！

　　說到這裡，讓我先介紹一下這個家庭裡的成員吧。那位不苟言笑的爸爸，名叫「伊利亞斯」。幽默開朗的媽媽，名叫「弗蘿拉」。搬到農場的那年啊，大兒子「郝伯特」已經十八歲，二兒子「雷蒙」十六歲，三兒子「洛依」也有十三歲了，但四兒子「華德」的年齡就和哥哥們差了一大截，他只有四歲

7

呢！他下面還有個更小的，那就是兩歲的妹妹「露絲」。

　　三個哥哥跟著爸爸，一年到頭的在農場裡辛勤的工作。春天趕著播種，秋天忙著收割。大片大片的果樹需要修剪施肥，果子成熟時，還得立刻採擷裝箱。農場裡養的馬呀、牛呀、豬呀、雞呀、鴿子呀……都要定時的餵水、餵食。動物住的地方，也要常常去打掃清潔。

　　媽媽更是從早忙到晚，不但要為一大家子的人洗衣、做飯，還要製作大批罐裝的糖漿、牛油、果醬什麼的，送去馬瑟林鎮上的雜貨店，換取一些日用品。剛開始時，媽媽到哪裡，都會帶著兩個小的。華德是個很乖巧伶俐的孩子，跟在媽媽後面幫著做許多雜事，送這遞那的，忙得不亦樂乎。小妹露絲對這個比她年長兩歲的小哥哥，可崇拜極了。小哥走到哪兒，她就跟到哪兒，像個小影子似的。過了兩三

年，華德和露絲都長大了些，對周圍的環境也很熟悉了，媽媽才放心的讓他們自己在附近的地方玩兒。

雖然鄰居們的家都隔得很遠，但因為都是農家，所以在農忙和收成時節，就會集合起來輪流到各家去幫忙。每當附近農家聚在一塊兒時，男人們在田裡工作，女人們在廚房中燒烤著香噴噴的食物，而小孩子們呢，就在農場中興奮快樂的跑來跑去，玩著各種遊戲。華德很喜歡那種一起工作、一起玩樂、一起享受大家庭生活的溫馨感覺。

華德家的農場很大，可以玩兒的地方也特別多。屋子前面是一大片青翠的草地，兩邊垂柳成蔭。屋後有一個紅色的大穀倉，馬廄、豬圈、農地、菜圃和果園，還有一個小泥塘。再往後就是一條清澈的小溪流和茂密的樹林。對華德來說，那兒簡直就是一個天然的大遊樂場。他尤其喜愛那個帶著點神祕色

彩的、老舊又高大的紅色穀倉。穀倉裡面堆放了許多農具，角落裡還鋪滿了乾草。華德和露絲經常在草堆上跳躍追逐，玩累了，兩人就躺在那裡，聽華德講述他自己編織的故事。穀倉裡還有許多其他的聽眾呢，一窩雞、兩頭乳牛、三隻綿羊，幾隻來去不定的貓咪、松鼠、兔子，守在穀倉門口的老黃狗，甚至在牆角結網的蜘蛛、飛到窗臺上的鴿子……。

　　華德和這些動物混得熟極了，鴿子會飛來站在他的頭上一動也不動，老母雞會在他的手中下出一個蛋來，幾隻貓也在他的訓練下學會了追皮球。華德一心想開個小馬戲團，讓這些動物表演給鄰近的小朋友們看。於是，他和露絲在穀倉裡，用舊毯子搭起一個小帳篷，又在舊紙盒上畫了「迪士尼馬戲團」的招牌，就準備正式開演。鄰居的孩子們聽說了，都興高采烈的跑來

觀看，每個人還要付一分錢的門票
呢！但是，那些動物演員卻不合
作，任憑華德和露絲喊破了喉嚨，
鴿子就是不肯乖乖的站在華德的頭
上，老母雞也被嚇得咯咯亂叫亂
跳，貓咪只瞇著眼躺著，皮球丟在
眼前都不肯看一眼。馬戲團的演出
整個失敗了，小朋友們根本想像不
出華德的小動物怎麼變把戲。媽媽
知道這件事後，還硬逼著華德把錢
一一退還給來看「迪士尼馬戲團」
的小朋友們。這讓華德覺得很沒面
子，而一直耿耿於懷。

　　因為農場很大，三個哥哥在工
作時，常常要騎馬代步。騎在馬上
該有多神氣啊！華德雖然滿心羨
慕，但終究年紀太小，無法跨上高
高的馬鞍。但他總想騎在一個什麼
動物的背上，在農場上威風的逛
逛。有一次，媽媽叫他牽著一隻名
叫「撲克」的母豬，去小泥塘喝
水。華德爬到撲克的背上，用手緊

緊抓住兩隻豬耳朵，踢著撲克的肚子，要牠向前跑。這個突如其來的舉動，使撲克驚慌的狂奔了起來，一路衝到小泥塘，撲克用盡全力搖晃著牠肥胖的身軀，把華德重重的摔進了泥塘中，然後就轉頭往豬舍的方向跑回去了。

華德稀里嘩啦的被摔得滿身是泥，只好悻悻的站起來走向溪邊，脫掉了身上的髒衣服，在溪水中把自己和衣服都洗得乾乾淨淨。他把衣服晾在樹枝上，然後就坐在一棵大樹下，用樹枝在地上畫畫玩兒，等待著太陽把衣服曬乾。

妹妹露絲的本事很大，無論小哥在哪裡，她都能很快的找到他。

「嗨！小哥，我到處找你，你怎麼躲在這裡偷懶？媽媽叫我告訴你，不要忘記帶撲克去喝水啊！」

「哼，我就是為了帶撲克去喝水，才摔了一身泥，只好先來這裡洗乾淨再回家，免得媽媽罵我。」接

著，華德就把整個經過講給妹妹聽，並且用樹枝在地上畫出他如何騎上撲克的背，又如何被摔進泥塘中的「驚險」景象。

露絲聚精會神的聽著，她相信小哥講的每一句話，也愛看他在泥土上畫的畫。如果……露絲睜大了她藍藍的眼珠，望著華德說：「小哥，如果你的畫都能活動起來，該有多好玩兒啊！」

畫能活動起來？嗯……如果真能這樣，華德就可以把鴿子怎麼飛過來站在他的頭頂上、母雞怎麼在他手掌心上生蛋、小貓咪們怎麼追逐皮球和撲克怎麼把他摔進爛泥中的這一切過程，都用活動的畫面，展現給他的那些小朋友們看了！妹妹的這個主意還真不錯！但是……但是，怎麼才能畫出活動的畫呢？真讓人傷腦筋！

那一晚，農場上那棟樓房的一扇窗口前，有個小男孩，聚精會神

的望著夜空。當第一顆星星出現的
剎那，他立刻閉上了眼睛，虔誠的
默禱:「親愛的許願之星啊，請你教
我畫出可以動起來的畫吧，我想讓
全世界的人都能相信我說的故事，
而且還會看得哈哈大笑！這是我最
大的願望，你會答應我嗎?」

3

嚴父慈母

　　在華德幼小的心靈中，農場生活是新奇、美妙和充滿了歡樂的組合。但是他的大哥郝伯特和二哥雷蒙卻從不這麼想。他倆原是在芝加哥長大的城市小子，忽然之間跟著爸爸搬到農場上當起農夫來了，那日出而作、日入而息的無聊生活，叫他們一下子怎能習慣？又怎能心甘情願的待下去呢？

　　雖然，兄弟倆心中經常抱怨著，但卻不敢公然的反抗，因為爸爸伊利亞斯非常嚴厲，他所做的決定和他所說的話，在家中具有無比的權威性，是從來不容反駁的。

　　真的，伊利亞斯就是這樣一個嚴肅又認真、固執又暴躁、事事追求完美、又很有榮譽感的人。他雖然能夠堅強的面對挑戰，也會勇敢的從失敗中重新站起來，但是他的

運氣一直很差，他所從事的工作、事業和投資總是屢屢受挫。每當他受到惡運的打擊時，他就帶著妻小，搬到另一個新的環境，重新開始奮鬥。在他的那個時代啊，一般人都很保守，很少會為了討生活而離鄉背井，遠走他方的。而伊利亞斯卻有冒險犯難的精神，不斷的遷徙，不斷的尋找成功的途徑。他先後做過木匠、郵差、建造商等工作，也經營過觀光旅館、橘子園和農場等不同的行業。他帶領著家人，住過了許多地方，包括堪薩斯、科羅拉多、佛羅里達、伊利諾和密蘇里等好多個州呢。

伊利亞斯對兒女的管教特別的嚴格，他絕對不能容忍懶散、浪費和說謊。孩子若是犯了錯，他會毫不留情的嚴加斥責和處罰，弄得孩子們都不敢和他親近。其實，依利亞斯是個很愛兒女的人，他只是不會表達罷了。你一定想不到，這樣

一板一眼的人，卻拉得一手好提琴。偶爾，他會為妻子和孩子們，演奏些拿手的樂曲。只有當他沉浸在樂聲中的時候，臉上的表情，才會變得柔和起來，甚至還會展現出一個難得的微笑呢。

媽媽弗蘿拉卻和爸爸大不相同，她是一位樂觀進取，充滿智慧的賢妻良母。她從不抱怨生活的顛沛流離，總是滿懷信心的跟隨著伊利亞斯共建家園。她一向很順從丈夫的意思，但是當伊利亞斯對孩子的要求過分時，她就會挺身而出，用機智幽默的語言，來化解可能發生的暴風雨。

繁忙瑣碎、永遠做不完的家事，讓弗蘿拉從早忙到晚，但是她仍能抽出時間來，教華德和露絲讀書認字。有時候，甚至還會和兩個孩子一起坐在大樹下，或躺在穀倉中的稻草堆上，你一句我一句的編織著各種故事：會唱歌的小老鼠

啊，會跳舞的大黑熊啊，撐開傘就能飛上天的仙女啊，會探險打仗的拓荒英雄啊……。

弗蘿拉還有一種親切近人的魅力。她和所有的人，都相處得像家人一般的融洽。就連鎮上雜貨店裡那個小氣又計較的老闆，都會心甘情願的為弗蘿拉設立一個專櫃，專門賣她自製的牛油和果子醬等罐頭。

說起弗蘿拉所做的牛油，可真甜美極了，孩子們都愛吃得不得了！但是節儉成性的伊利亞斯，卻不讓家裡人吃，所有的罐頭統統都要送去雜貨店裡出售。弗蘿拉認為孩子們在農場上幹粗活，需要營養來補充體力，所以就把牛油塗在厚厚的麵包上，然後將塗有牛油的那一面翻過來朝下，再遞給孩子們吃，這樣，也就避過了伊利亞斯那些不合理的「規定」。

華德的個性，綜合了伊利亞斯

的努力實幹、倔強固執、追求完美，和弗蘿拉的幽默詼諧、愛幻想、又有說服力的種種長處。說真的，華德日後的成就，實在是起源於父母對他的影響和遺傳哩。

班吉明閒講 ＊嗯，嗯，「我希望各位進入迪士尼樂園後，會感到這裡不同於我們生活的現實世界，這裡是一個令人驚喜的夢幻王國……希望這個樂園，會帶給全世界無限的快樂和啟發人們無限的想像空間……」這段話是華德在 1955 年加州的迪士尼樂園開幕時的致詞，透過我小蟋蟀班吉明充滿磁性的聲音，你是不是也感受到華德的熱情？

你一定很好奇，我小蟋蟀班吉明為什麼還要占用這個版面來開講？因為我是一個說故事的高手啊！現在就要來說說好玩的迪士尼樂園。

目前全世界共有五座迪士尼的夢幻王國，分別是美國加州的「迪士尼樂園渡假區」、美國佛羅里達州的「華德‧迪士尼世界」、法國「巴黎迪士尼樂園渡假區」、日本「東京迪士尼渡假區」以及「香港迪士尼樂園」。

你一定覺得奇怪，我小蟋蟀班吉明是不是說錯了，怎麼迪士尼樂園不叫迪士尼樂園，叫什麼「渡假區」？聽我慢慢說吧！

4 塗鴉、火車、兒時夢

　　自從華德有了畫「動畫」這個念頭後，他的小腦袋就一刻不停的思索著「該怎麼畫啊？」他常常坐在小溪邊的大樹下，從褲子口袋裡，拿出一個小本子和一枝筆，就全神貫注的畫了起來。天上飄忽不定的白雲、草地上跳過去的野兔子、不知從哪裡鑽出來的大田鼠、樹上啾啾叫個不停的鳥兒……，都成了華德筆下最好的模特兒了。

　　畫呀畫呀畫的，家裡所有空白的本子和紙張，都被華德用光了。媽媽答應下一次去鎮上時，一定會再買些紙回來。但是那還要等上好多天哪！性急的華德，在家裡到處翻尋著，希望能找出還沒有用完的小本子。忽然，他瞥見廁所牆壁上掛的那捲衛生紙。哇哈，太好了！那不就是空白的紙嗎？他立刻拿出

粉筆，飛快的畫完了整捲紙，他心想這衛生紙還要用呀，所以又小心的捲了回去，掛在牆壁上。

露絲跟了過來，好奇的問：「小哥，我在外面到處找你都找不到，原來你在這裡呀，你在做什麼？」

「我在這兒畫畫呢，妳看！」華德用力的一拉衛生紙捲，快速的動作，使得紙上連續的畫面好像……嗯，好像……都「動」起來了！

忽然，背後傳來一聲怒吼，兄妹兩人都嚇得不敢出聲。「華德‧迪士尼！」爸爸踏著重重的腳步走了過來，他對孩子生氣時，總是連名帶姓的叫著。

「好好的一捲衛生紙，看你們把它畫成什麼樣子！這還能用嗎？哼！太浪費了！太不像話了！」

剛露出一絲希望的「動畫」，就這樣的被「凍結」啦！

有一天，爸爸媽媽有事要出門，三個哥哥又剛好都出去辦事

　　了。媽媽交代華德要照顧妹妹、好好看家。才七歲的華德，像個小大人似的拍了拍胸脯，說：「沒問題，放心吧！」

　　露絲纏著小哥，要他說故事和畫畫。華德想起穀倉內有一大罐黑黑、黏黏的焦油，他一直想用它來當顏料，在一大張紙上畫個痛快。但是，到哪裡去找這樣的紙呢？啊，有了，可以畫在家裡這面大白牆上啊，只要在晚上爸媽回家前擦乾淨就好啦！

　　哇，有這麼大一面牆可以畫，可真過癮！華德奔向穀倉，取出那罐焦油，又摘下幾根大小不同的樹枝當畫筆，沾著焦油，就在牆上畫起來了。

　　露絲雖然只有五歲，卻比哥哥謹慎。她猶疑不決的問道：「這真的可以擦得掉嗎？」

　　「當然啦！」華德露出一個充滿了自信的笑容，又遞給露絲幾根樹

枝，說道：「來吧，牆這麼大，妳也可以畫啊！」

「真的？真的可以擦得掉嗎？」

「我保證！」

牆上慢慢的出現了一個炊煙裊裊的大房子，四周圍繞著花草樹木和各種小動物。兄妹倆越畫越起勁，不知不覺的快填滿整面牆了。

小露絲仍然有些不安，她試著用溼布擦掉她畫的部分。啊，不好了！小哥啊！擦不掉了哇！露絲嚇得嗚嗚的哭了起來。

華德抓過溼布，狠命的擦拭著，乾涸的焦油牢牢的黏在牆上，再用力也擦不掉。他的小臉漲得通紅，豆大的汗珠從額頭上落下，這下，可闖了大禍啦！爸爸看到牆壁被畫得黑乎乎的，一定會狠狠的揍華德一頓！

哎哎！怎麼辦？離家出走吧！華德吩咐妹妹整理兩件衣服，打成一個小包袱。華德背起包袱，牽著

妹妹的手，就離開了那幢大房子。去哪裡呢？兄妹倆在農場上走來走去，天色越來越暗，只好暫時躲到大穀倉裡，至少還可以躺在草堆上度過一夜，一切等天亮後再說吧！

穀倉內雖然有很多動物可以作伴，但是在昏暗的燈光下，牆上有好多神祕的黑影在搖曳著，窗外又不時傳來貓頭鷹「嗚嚕嚕、嗚嚕嚕」的恐怖叫聲。雖然華德一直強做鎮靜的安慰著嚶嚶哭泣的露絲，其實他的心中也很害怕呀，這漫漫長夜要怎麼度過？

「露——絲——，華——德——，你們在哪兒啊？」外面傳來媽媽焦急的呼喚聲。露絲一聽到媽媽的聲音，立刻就從草堆上跳下來跑出去，飛快的奔向媽媽的懷抱中。不一會兒，提著油燈的媽媽就走進了穀倉，向前緊緊摟住身子微微發顫的小華德，輕輕的說:「沒事兒，別害怕，回家吧！」

　　爸爸站在門口，雙臂交叉抱在胸前。當媽媽拉著華德和露絲進門時，爸爸雖然緊繃著臉，卻沒有責罵華德。

　　事實上，當他第一眼看到牆上被塗得亂七八糟時，曾經暴跳如雷的衝到樓上華德的臥房，打算好好教訓教訓這頑皮的孩子！沒想到，華德和露絲都不在房裡，這麼晚了，他們躲到哪兒去了？弗蘿拉提著煤油燈去找孩子，伊利亞斯在家中不安的來回踱步，他不禁仔細的看了看牆上的畫。這一回，他竟然深深受到了感動，畫中的景象是多麼平和啊，那個大房子看起來是多麼的溫暖，而那些小動物又是多麼的純真可愛！伊利亞斯覺得這幅壁畫有一種讓人感到快樂的力量，他對自己說：「華德這孩子的確有一些藝術天分，我不應該抹殺了他的興趣……」

　　伊利亞斯的祖父母，一共生了

十六個孩子，所以迪士尼家族的親戚很多，大家互相來往，相處融洽。有一天，瑪格麗特嬸嬸來到了農場，探訪伊利亞斯一家人。當然囉，她第一眼就看到了牆上的「焦油畫」。她讚賞的說:「這是華德畫的吧？這孩子還真有創造力和想像力呢。但是，他怎麼敢用焦油往牆上畫呢？難道不怕伊利亞斯的責罵嗎?」媽媽說:「華德實在太愛畫了，家裡的紙一下子就被他用光光。但他手癢起來的時候，只要找到空白的地方，就忍不住往上畫，前幾天還因為畫滿了整捲的衛生紙，而被他爸爸大罵了一頓呢。不過，我也想不通，這次華德塗了這整面牆，伊利亞斯反倒不出聲了，真奇怪!」瑪格麗特嬸嬸說:「這樣才對啊，華德這麼有天分，只要他肯努力，我們就該鼓勵他，而不能阻止他。以後啊，畫紙和畫具全由我來供應，要他儘管放心的畫吧，這孩子，我

看準了，將來一定不同凡響！」

除了繪畫，華德對火車也很著迷。農場附近，有一條長長的鐵道，著名的聖塔非鐵路就打那兒經過。華德和露絲常偷溜去鐵道邊上玩兒，他們張開雙臂保持身體平衡，在細細的鐵軌上兩腳交叉的走著，或把耳朵貼附在軌道上，傾聽火車開來的聲音。華德有一個名叫邁可‧馬丁的叔叔，是位火車司機，負責來往愛荷華州麥迪森堡和密蘇里州馬瑟林鎮之間的路線。每當馬丁叔叔的火車要在馬瑟林鎮上停留時，媽媽就派三哥洛依帶著弟妹，去車站迎接叔叔來家中過夜，這是華德最期盼和最樂意做的差事了。看火車進站是多麼令人興奮的事啊！每當火車從遠處漸漸駛近，馬丁叔叔就從駕駛座探出身子來，熱情的向他們揮手。巨大的火車頭噗噗的冒著蒸氣，夾雜著轟隆轟隆的車輪聲、嗚嗚的汽笛聲，一切都

令小華德目眩神迷，激動不已。

　　馬丁叔叔是一位最受歡迎的訪客了。他從不忘記給孩子們帶來一大包糖果和點心，再加上他爽朗的笑聲，讓全家的人都跟著歡樂了起來。晚飯過後，馬丁叔叔坐在陽臺上的鞦韆椅內，一面抽著煙斗，一面為圍繞在他身邊的孩子們講述和火車有關的故事。伊利亞斯年輕的時候，曾經做過鐵道工人，對幾條主要鐵路的建造工程都很熟悉，他也常常加入馬丁叔叔說故事的行列，描述造鐵路的危險、艱苦和刺激。在華德的心目中，爸爸是築鐵路英雄，叔叔是火車探險家，而那長長的列車就像魔術盒一樣，穿山洞、過長橋、跨越一望無際的大平原……華德夢想著:「將來，我也要造一條鐵路，讓所有的人都可以坐上我的火車，一起去快樂王國探險……」

5

三哥洛依

　　前面說過啦，華德的三個哥哥成天跟著爸爸在農場上忙個不停。大哥和二哥，都是快滿二十歲的成年人了，他們漸漸有了自己獨立的想法，對爸爸那些過分苛刻的要求，越來越不肯服從了。他們在家裡的農場上工作，從來都得不到工資，因為爸爸認為，幫家裡做事是理所當然的，何況家中管吃又管住，還要錢做什麼？但是孩子都那麼大了，總要有一些自己可以支配的零花錢呀！因此，大哥、二哥就抽空去鄰近的農場做些散工賺點兒錢用。然而，嚴屬的伊利亞斯堅持兒子們在外面賺到的錢，全部都要拿出來貼補家用，絕對不允許他們胡亂的花掉。

　　大哥和二哥實在受不了爸爸這樣專制的管教方式，哥倆兒暗中攢

了一些路費後，就偷偷的坐上火車
離開馬瑟林，重返芝加哥去了。伊
利亞斯當然很傷心啦，兩個大兒
子，也是他最得力的左右手，就這
樣不告而別了。那麼多的農活兒，
該怎麼辦呢？

固執的伊利亞斯只有強打起精
神，帶著三兒子洛依，咬著牙硬撐
起整個農場的工作，他們從早做到
晚，一刻也不休息。成熟懂事的洛
依，不但毫無怨言的幫著爸爸幹活
兒，還盡心盡力的分擔著媽媽煩瑣
的家事。

因為大哥、二哥都不在家，三
哥洛依就完全負起做哥哥的責任。
他很有耐心的照顧著華德和露絲，
處處為他們著想。尤其是調皮搗蛋
的華德經常惹禍，洛依總是設法替
弟弟解圍，甚至甘願代受責罰。洛
依自己是個穩重實際的年輕人，但
他很了解成天愛做夢的華德，並且
一向認為這個樂觀、自信的小弟，

將來一定會成就一番大事業。他曾經對華德說過:「弟弟，如果你想摘下天上的星星，就去摘吧！如果摘不著，你可以踩在我的肩膀上，我願意幫你實現你的夢想。」

這話可一點也不假啊，兄弟二人長大成人後，就是這樣互相啟發，互相扶持的走過了半個世紀，共同創造了華德夢想中的世界——迪士尼王國。

三哥洛依的肩膀，一直都是弟弟華德最堅實、最安心的依靠。

6

送報生涯

　　沒完沒了的工作，終於擊倒了倔強不屈的伊利亞斯。他先是得了傷寒症，後來又轉成嚴重的肺炎，躺在床上根本起不來。弗蘿拉不眠不休的看顧著生病的丈夫，她知道即使伊利亞斯病好了，也不能再玩命似的經營這麼大的農場了。弗蘿拉總算說服了伊利亞斯，就是不賺錢，也得趕快把農莊賣掉，搬去像堪薩斯那樣的大城市，尋求其他的謀生之路吧。

　　小華德在馬瑟林的農莊上度過了快樂無比的五個年頭。他曾經打著赤腳，無拘無束的在寬闊的田野中奔跑；也曾經脫光了衣服，自由自在的跳進小溪中游泳；或用大草帽蓋著臉，躺在蘋果樹下舒舒服服的做著白日夢。周圍大大小小的動物，全是他最好的朋友，當然也包

括那壞脾氣的母豬「撲克」啦。農場上的一點一滴，一草一物，都給他留下了不可磨滅的印象，一輩子也不曾忘記。後來，在他所製作的影片和創造的樂園中，一再反映出這些童年時代的美好回憶哩。

雖然華德捨不得離開他的那些動物朋友和那座紅色的大穀倉，但是一想到就要坐上火車，前往一個陌生的地方去居住，他的小臉蛋兒就放出興奮的光彩，那不就像要到遠方去探險了嗎？

伊利亞斯沒有浪費半點時間，一到了堪薩斯，就立刻買下兩千多份報紙的送報權，並雇用了幾個中學生當他的送報僮。那時，華德已經十歲了，因此爸爸也要他和三哥洛依一起參加送報的行列。送報是個很辛苦的工作，沒有假日，也不論刮風下雪，天天都得送。每天早晨三點半，鬧鐘一響，兄弟倆就要從溫暖的被窩裡爬出來，一起摸黑

前往領取報紙。他們將一綑一綑沉甸甸的報紙，迅速的整理好後，就拉著小拖車，沿街挨戶的去分送。

一絲不苟的伊利亞斯，對送報的方式也有嚴格的規定。報紙不能摺疊或捲起，也不能隨意一丟在訂報人家的門前或車道上。報僮一定要走到每一家的門口，把乾淨平整的報紙，輕輕的夾放在紗門和大門之間的空隙中。報僮們經常抱怨，說這樣做太花時間了。伊利亞斯就會板起面孔，嚴肅的說：「做任何事，都要做得正確，做得徹底。」

華德是個很會自得其樂的孩子。當他穿過庭院，把報紙放入訂戶的紗門內時，偶爾會看見散落在院子或陽臺上的一些玩具，他總是忍不住的想蹲下來仔細瞧瞧，尤其是那些有軌道的小火車，更是深深的吸引著他。這時，洛依就會說：「小弟，這家人還沒醒來，你就在這兒看一會兒，我替你去送這條街

的報紙吧！小心喔，千萬別把人家的玩具給弄壞了，還要記得把它們放回原處啊。」

華德知道節儉的爸爸，是絕對不會去買一套小火車給他玩的。但是他並不在乎，心裡總是快樂的幻想著未來:「等我長大以後，要造一個大遊樂場，還有一列沿著場子四周繞行的火車。人們可以輕鬆愉快的搭著火車，在各個遊樂區自由上下，玩遍場內各種不同的玩意兒。」

每天早上送完報紙，華德就得立刻趕去學校。有時因為天氣不好，拖延了送報的時間，上學就要遲到。有時又因為早上起得太早，上課時經常昏昏欲睡。下午放學以後，華德還要再跑去領報處，領取當天的晚報。然後，又要花上兩、三個鐘頭的時間，把晚報分送完畢後，才能回家。華德的送報生涯，就這樣持續了六年之久。雖然很辛苦，卻也因此磨練出他堅強的毅力

和負責任的態度。

伊利亞斯每個星期都要發工資給他的送報僮，卻從來不發給洛依和華德。還記得嗎？他曾經因為相同的原因，而失去了兩個大兒子。然而，他仍然堅持他的原則，認為經營送報權是一個家庭事業，孩子們本來就應該為家裡的事效力，而不該索取什麼工資的。

但是，華德漸漸長大了，他希望能有一點零用錢，可以在週末和同學去鎮上逛逛，看個雜耍劇或喝杯汽水。看來，這些錢都得要靠別的法子去掙取了。因此，華德常常動腦筋想賺錢的點子。他曾經和妹妹露絲在家門口擺桌子賣檸檬水，給過往的行人或開車的人消熱解渴。但天氣實在太熱了，還沒等到顧客上門呢，兄妹倆就咕嚕咕嚕的，把整瓶檸檬水都喝光了。當然，這個賠本生意，是連一分錢也賺不到啦。

　　華德找到一個打工的機會，那就是利用中午休息的時間，在學校附近的一家糖果店打掃清潔。但他禁不起店裡那些紅紅綠綠糖果的誘惑，把賺來的一點點錢，都買了糖來吃。幾個星期下來，錢沒賺到，牙齒倒是蛀了好幾顆。媽媽知道以後，再也不准他去糖果店打工了。

　　樂觀的華德，從不灰心，繼續想著其他的生財之道。他帶著一個小本子，到一家熟識的理髮店內，央求老闆允許他在那裡為客人們畫像，畫「理髮前」和「理髮後」的漫畫速寫。如果客人喜歡，就可以象徵性的給他一點「工本費」。結果，他的畫很受歡迎，理髮店的客人也增多了。老闆一高興，就答應從此為華德剪髮都不要錢。華德靠他那支幽默靈活的筆，賺取了不少「工本費」，也因此更加激勵了他未來要做一個漫畫家的志向。

7 班頓學校裡的天才

　　雖然華德有一個燦爛的、討人喜歡的笑容，但班頓學校裡的老師們，一提起他，都搖頭嘆息：「挺聰明可愛的一個孩子，為什麼不好好用功讀書？上課的時候，不是猛打瞌睡，就是偷看漫畫書，要不然就是在課本上亂塗亂抹的，一點也不專心聽講。」

　　那小小的教室，的確牽引不住華德飛揚奔放的思緒。在所有的課程中，他只喜歡能夠發揮想像空間的繪畫課，以及藝術表演課。班上有一位和華德同名，卻不同姓的學生，叫做「華德‧皮費弗」。他們兩人興趣相投，家又住得很近，所以，很快就成為最親近的好朋友了。

　　皮費弗的家人都是樂天派，家中充滿了溫暖和歡樂。而在華德的

43

家中，只要伊利亞斯一出現，氣氛就變得緊張沉悶。因此華德總是在晚飯過後，藉口要去同學家中做功課，就溜到皮費弗家中消磨個一晚上。皮費弗的爸爸，是個身材高大、和藹可親、笑聲爽朗的人。他十分喜愛音樂和戲劇，常常拉著兒女圍繞在鋼琴邊，其樂融融的又彈又唱。有時候，他也會帶上自己和鄰居的孩子們，興高采烈的去鎮上看馬戲團、雜耍劇或電影。

那時候的電影，還是無聲的默片呢。有一位大名鼎鼎的默片喜劇影星，名字叫做「卓別林」。他在一系列的影片中，專門扮演一個滑稽可笑，又令人可憐同情的流浪漢。華德很欣賞流浪漢那個角色，他認為電影裡的人物，一定要有獨特的形象和鮮明的性格，才會給人深刻的印象。

「卓別林」，成為華德和皮費弗二人心目中的偶像。他倆常在一

起模仿卓別林那些逗笑的動作，又自編自演了「卓別林與伯爵」、「卓別林與乳牛」、「卓別林與兩個華德」等等的短劇。皮費弗的爸爸看他們演得不錯，就自願為二人的短劇彈琴配樂，並指導一些演出上的細節。為了鼓勵他們，皮費弗爸爸還替他們報了名，參加鎮上戲院中演藝新手的表演比賽。

當然啦，華德從來不敢和爸爸提起什麼「演戲」，甚至還要「比賽」的這些事兒。因為他怕會惹來爸爸的一頓臭罵:「老師說你不好好唸書，上課時盡打瞌睡。你說都是因為我要你送報，太累的緣故。那好，我倒要問你，你去玩兒，去演戲，就不累啦？虧你還好意思說!」

其實，伊利亞斯真的會有這樣的反應嗎？他常常在天黑以後，看見華德鬼鬼祟祟的爬窗偷溜出去，幾個鐘頭後，又躡手躡腳的爬窗鑽回臥房。他知道華德是去那個經常

傳出音樂聲和歡笑聲的同學家。他並沒有揭破兒子的這個小祕密，他總是默默的坐在搖椅上，在黑暗中一直等到華德回家後，才不聲不響的去睡覺。

不過，伊利亞斯怎麼也沒想到，小兒子竟然會去演戲！那天，露絲在爸媽面前，不小心說溜了嘴，弗蘿拉以為丈夫一定會氣得冒煙。沒想到，伊利亞斯卻很平靜的說：「那不錯，我們都換上正式的衣服，一起去看戲吧！」

當戲臺上的華德，看見坐在觀眾席上的爸爸，嚇得臉都發白了。但他立刻告訴自己，要賣力的演出，好證明給爸爸看，他在戲劇方面是有天分、有前途的。

比賽的結果，華德和皮費弗只贏得一個小獎章和一點鼓勵性的獎金，但家人和同學們都擁上前去，熱烈的擁抱恭賀他們，只有伊利亞斯遠遠的站在那裡，未發一語。

　　那之後的好幾天，華德一直擔心爸爸會責罵他偷偷去演戲的事，所以他能躲就躲，躲不掉時，也不敢正眼瞧爸爸一眼。有一天，伊利亞斯把華德叫到車庫裡去，一臉嚴肅的對華德說：「兒子，你那天表演得很不錯，嗯，真的很不錯！」

　　只是簡簡單單的幾句話，就讓華德高興得不知如何是好。有了爸爸的認可後，華德終於可以放心大膽的在學校裡擔任短劇演出了。更使他驚喜的是，一向用錢謹慎的爸爸，居然答應替他付學費，准許他在每個星期六，去堪薩斯市立藝術學院學習漫畫。

　　華德如魚得水，在繪畫和演藝方面的成績，越來越引人注目了。學校裡的同學，都爭著要他畫的漫畫、或令人發笑的卡通畫片。華德和皮費弗一起演出的滑稽劇，更是受到全校師生的歡迎。遇到重大節日或慶祝活動時，老師也會指派華

德做一些應景的演出。比如說在林肯誕辰紀念日時，他就打扮成林肯總統的樣子，在學校大禮堂的講臺上，唯妙唯肖的朗誦出林肯著名的蓋茨堡演講詞。

　　沒想到，這個老愛打瞌睡，又成績平平的學生，卻給班頓學校帶來了許多的歡笑和日後數不盡的榮譽。

8 從軍報國

　　到了 1917 年的時候，伊利亞斯一家人在堪薩斯市，已經住了六年了。洛依早已高中畢業，在鎮上一家大銀行裡擔任會計工作。而華德也十五歲了，正準備升高中，兄弟倆都沒有時間再繼續送報。伊利亞斯先後失去了兩個最可靠的幫手後，送報權似乎也無法再經營下去，只有脫手轉賣了。

　　那時，在芝加哥有個做果凍的公司，正想要推出一種能和可口可樂競爭的新飲料，伊利亞斯認為那是一個投資的大好機會。於是，他把全部的積蓄，一股腦兒的都投進了那家公司。後來，他想想又擔心了起來，萬一這些錢全泡湯了怎麼辦？他決定搬去芝加哥，並在果凍公司的工廠建造維修部門，謀求到一個主管的職位。他很滿意，因為

這樣可以就近觀察公司的發展動態。況且，大兒子郝伯特在外面結了婚，又生了一個女兒，一家三口正想回到堪薩斯市住。伊利亞斯把部分家人搬去芝加哥後，也好騰出地方給大兒子安家。

洛依因為要在堪薩斯市上班，而華德要替接手送報權的老闆訓練新報僮，因此，兄弟倆就留守在堪薩斯市的家。伊利亞斯和弗蘿拉，先帶著小女兒露絲搬走了。等暑假過後，華德才會去芝加哥和父母同住。

爸媽不在家，洛依又要負擔起照顧華德的責任了。但他並不介意，他很喜愛這個比他小了八歲的弟弟，再說，能為家裡做點事，那也是應該的。

受到父母終日辛勤工作的影響，洛依和華德從小就很勤奮努力。但他們的性格卻有極大的不同，洛依冷靜沉著，總是中規中

矩、按部就班的達到他的目標和理想。而華德，卻熱情奔放，海闊天空的追求著他的夢想，雖然常常不切實際，他卻不在乎。反正啊，天若是塌下來，還有三哥洛依給頂著呢。

　　洛依為華德找到一個暑期工作，就是在長途火車上，販賣報紙和食品飲料。洛依還為弟弟繳了一筆為數不小的保證金。華德真是高興極了，跟著火車去旅行，到遠方探險，不正是他從小就夢想的願望嗎？更何況他還可以穿上筆挺的、有雙排金扣的制服，那神氣俊美的模樣，不知羨煞了多少男同學和贏得了多少美少女的愛慕呢！

　　火車上的各種機械、零件和設備，都令華德好奇不已，他最愛跟在列車長或火車技師的後面，不停的問東問西。有時候，他因貪看沿途的風景，或和乘客談天說地的，而忘記看管住他的販賣攤。所以汽

水呀、糖果呀、香煙呀、甚至報紙，都經常不翼而飛。損失的錢，就只好從保證金裡扣掉了事。後來，錢都糊里糊塗的被扣光了，華德只好依依不捨的離開了那份差事。不過，這時暑假也快結束了，他得前往芝加哥父母那裡，去唸「麥金禮」高中，開始他人生中的另一段旅程。

第一次世界大戰，於 1914 年在歐洲爆發，美國一直到 1917 年才正式參戰。美國一宣佈參戰，洛依立刻就放棄堪薩斯市銀行的工作，而加入了海軍。當他穿著一身神氣的海軍制服，去芝加哥探望家人時，全家都又驚又喜。華德對洛依，更是充滿了崇拜和羨慕之情。

整個美國都陷入了極端亢奮的愛國情緒之中。芝加哥是個大城市，各種消息也傳遞得很快。徵兵的廣告，沸沸揚揚的在各處張貼，或在收音機中播放。血氣方剛的華

德，一心想和三哥一樣，去從軍報國。但是，他只有十六歲，還不夠當兵的年紀，幾次申請入伍，結果都被拒絕。

華德的繪畫技巧，已經很見一番功力了。他經常在學校的校刊上發表漫畫作品。畫中的內容，多半是激發年輕人去當兵，或去購買戰時愛國債券。他的畫受到許多師生的歡迎，也起了相當的影響作用。有一位朋友對他說:「你那麼渴望當兵，何不去參加美國救護車部隊呢？那是屬於紅十字會的編制。聽說他們正需要駕駛兵，而且在年齡上，並沒有嚴格的規定呢。」

華德喜出望外的跑去紅十字會報名，卻發現必須要滿十七歲才有資格申請，並且要有家長的簽名允許。華德知道，頑固的爸爸一定不會准許他謊報年齡，即使只是報大了一歲而已，也不會讓他輟學去戰場。所以，華德只好央求媽媽在申

請表上簽字。開通的弗蘿拉，瞭解這個小兒子的個性，只要是他想做的事，是沒有什麼法子可以阻擋的。與其到後來才發現他不辭而別的溜去從軍，倒不如現在就簽了名，至少可以清楚的知道，他到底參加了什麼部隊，會去哪兒打仗。

　　華德所屬的部隊，駐紮在康乃狄克州的一個海灣，等待著軍艦把他們送往法國去執行任務。但是，好幾個月過去了，卻連個軍艦的影子也沒看見。隊友們沒事兒做，每天去鎮上找樂子。華德則情願待在營房裡畫漫畫，也不願和大伙兒去鎮上胡鬧。他是來為國打仗的，千萬不能讓自己的鬥志鬆懈下去。這一點，他是很認真，也很執著的。

　　過了不久，在 1918 年的 11 月 11 日，外面忽然傳來了震耳的歡呼聲，原來戰爭結束了！當大家都在熱烈的慶祝這個大好的消息時，華德竟躲在營房內抱頭大哭。原來，

這個一心想要從軍報國的年輕人，卻一直沒有機會為國效力，他為此傷心極了。

可是，慢著，事情還沒完呢！那天晚上，長官忽然宣佈，戰事雖然已經結束，但是，還有許多善後的工作要處理。因此會在部隊裡挑選五十個人，送去法國協助這項重要的任務。「華德‧迪士尼」的名字，幸運的出現在名單之中。

第二天清晨，這個快樂的大男孩，就已經坐在開往法國的一艘大船上啦。

漫畫家的前途

　　說華德還是個大男孩，可一點也不過分。任何事對他來說，都是新鮮的、有趣的和能增長見識的。他完全不在乎船上的床位太小、伙食太差，或發配的制服不合身。他的雄心大志和藍天一樣寬廣，和橫在眼前的大西洋一樣浩瀚無邊，他絕不會計較這些吃飯睡覺的小事。儘管船上載有軍火炸藥，航道上也隨時會遇到戰時所放置的水雷，華德只覺得一切都又刺激又好玩兒，並不緊張害怕。他滿心憧憬著到了法國之後，能為戰後重整的工作做出轟轟烈烈的貢獻。

　　然而，事實並不全如他的想像。法國雖然充滿了陌生的、迷人的異國情調，卻沒有太多的重整工作要做。華德先被分派給軍官們開車，後來又被調到官兵福利社做駕

　　駛員，幫忙買買雜物、跑跑腿，他對這樣稀鬆平常的任務，感到失望和乏味。但華德生性樂觀，總是看到事情最好的一面。單調輕鬆的工作，剛好給他時間做自己愛做的事。他拿出一個小本子，一有空就以漫畫的手法，畫出異鄉的風土民情和駐守在那兒的美國大兵們的生活點滴。他把這些作品寄回美國，在一些雜誌和他中學裡的校刊上發表。華德儼然以「戰地藝術家」自居了，用漫畫做報導，也算是他對國家做出的貢獻啊。

　　救護車隊的兄弟們，知道了華德在繪畫上的專長，爭先恐後的要求這位駐隊藝術家為他們畫畫。有的要在救護車的帆布棚上畫些美女和大兵，有的要在鋼盔上畫個假彈孔，有的要在軍用夾克上畫個勳章，還有的要畫自己的人像，寄給在美國的女友甜心。華德忙得不亦樂乎，當然，他也沒有忘記索取

「工本費」。他覺得當畫家賺錢，真比送報紙，或當販賣員容易多了。

戰爭結束已將近一年，駐在法國的美軍陸續的撤走了。救護車隊因無事可做，終於奉命解散。華德有生以來，第一次離開家這麼遠，又這麼久，他早就想回家了。他想吃媽媽做的香甜的蘋果派，想睡在自己舒適柔軟的床鋪上，也想邀請女孩一起去看場卓別林的電影。

華德和幾個隊友，結伴去馬賽港搭船，經過紐約回到了芝加哥。伊利亞斯和弗蘿拉見到小兒子從遠方歸來，都高興極了。看起來，華德在這一年裡，成熟了許多，除了嘴角還掛著調皮的微笑以外，他已經完全是一個高大英俊的青年了。

弗蘿拉興奮的去廚房裡為兒子張羅吃的。伊利亞斯帶著激動的語氣對華德說:「知道你快回來了，我已經在果凍工廠為你找妥了一份好

差事，一個星期可以賺到二十五元的高薪呢！」

華德非常感激爸爸沒有逼迫他回學校唸書，但也不想接受爸爸苦心為他安排的工作。伊利亞斯有些冒火了，他望著比他高大的兒子，努力的控制住自己的脾氣。

「華德，你可要好好想想，這個機會得來不易啊！有多少像你這樣剛從戰場上回來的青年，想搶這份工作都搶不到呢！」

「謝謝爸爸，但是我的興趣並不在那上面。」華德堅決的說。

「那好，你說，你到底想做什麼？」伊利亞斯的怒氣快要控制不住了。

「我要做一個漫畫家！」華德的眼睛射出了光芒。

「胡說！漫畫只可以當嗜好，不能當飯吃！早知如此，還不如叫你去學小提琴，至少還可以在樂隊裡混口飯吃。哼！漫畫家！別做白

日夢了！」

當弗蘿拉端著熱騰騰的食物出來時，發現丈夫和兒子兩個人，不知為什麼都是冷冰冰的板著臉。

其實，華德根本不敢確定「繪畫」是否能混飯吃。但是，他深信他的這項愛好，有著不可限量的發展空間。他絕不能想像自己站在工廠裡固定的生產線上，日復一日的過著。不行，絕對不行！爸爸不能瞭解他的理想和抱負，將來衝突一定會很多，看來，他已無法在這個家裡待下去了。他決定要回堪薩斯市，去找三哥洛依商量商量，如何才能把他的「白日夢」插上翅膀，讓它飛翔！

10 初識 烏比·艾維克

　　戰爭一結束，洛依就從海軍退伍，回到堪薩斯市，在他原來工作的銀行裡擔任高級職員。他的表現出色，銀行打算慢慢的給他升級加薪。等存夠了錢，洛依想和相戀多年的女友「愛德娜」結婚生子，建立一個幸福美滿的家庭，這就是他一步一腳印的人生目標。

　　但是，當華德眉飛色舞的講述著他在法國的種種趣聞，以及回來後想在多彩多姿的繪畫世界中尋求發展時，洛依不禁怦然心動。弟弟對未來的計劃，雖有些不切實際，但卻充滿了感人的熱情和希望。他開始思索，是不是只要有夢想，人人都可以創造與眾不同的未來，而不一定要照著別人的軌道去走呢？

　　滿懷信心的華德，向堪薩斯市的幾家大報社申請新聞漫畫家的職

位，卻都因為年紀太小或經歷不足，而到處碰壁。洛依打聽到一個私人廣告公司，正在招聘一名繪圖助手，他告訴華德立刻去應徵。華德帶著他在法國畫的風景畫，興匆匆的去見老闆皮斯曼先生。

皮斯曼對華德說：「年輕人，你帶來的這些畫都很不錯。但是，我現在有一個賣農具的客戶，他想為一種新款的曳引機做促銷，如果要你畫這則廣告，你會怎麼畫？」

哈！這可難不倒在農場裡打滾長大的華德！他拿起筆來，三下兩下的就畫出一張精彩的圖樣。在一個大紅色的穀倉前，安放了一輛嶄新耀眼的曳引機，農場上大大小小的動物，都聚集在那兒，嘖嘖的交相稱讚曳引機的新式樣。皮斯曼先生看到這樣生動活潑又饒有新意的畫面，就毫不猶豫的雇用了華德。

公司裡還有好幾位年輕的同事，平常都各自在畫板前埋頭工

作，很少有機會交談。華德注意到一位特別沉默寡言的青年，名叫「烏比‧艾維克」，聽說他是荷蘭移民的後裔。在所有的同事之中，烏比是最有繪畫天分的人。他的畫技基本功夫尤其紮實，畫直線從來不用尺，也能畫得筆直，畫圈也不用圓規，一樣完美無缺。華德非常佩服這位有才華的同事，他經常站在烏比的背後，默默的觀察烏比在畫板上作畫。烏比也很欣賞華德幽默的口才和親切的笑容，兩人很快的就成為了好朋友。

皮斯曼先生的公司雖小，但對華德的一生影響卻很大。它不僅引導華德進入了商業藝術的領域，更讓他有機會認識這位卡通繪畫方面的奇才烏比‧艾維克。

過了幾個月，公司因為聖誕節後的生意一下子清淡了下來，而無法繼續雇用烏比和華德這兩個大孩子了。烏比的眉頭因此而緊鎖著，

他的父親很早就離棄了家庭，烏比一直是由母親獨自撫養長大的。如今母親年老多病，該靠烏比賺錢養家了。可是，他哪兒想得到，好好的工作，竟一轉眼就沒啦。

華德比較幸運，他沒有養家的負擔。而且，他生性樂觀，總覺得會有更好的工作在前面等著他。但是，眼看著好朋友因失業而焦慮難過，他也急得直搔頭。

「啊！有了！」華德熱切的對烏比說：「乾脆我倆合辦一個廣告公司吧！自己當老闆，那就永遠不會被人解雇啦！」

烏比仍然愁眉不展，猶豫的說：「開公司？哪那麼簡單？你我都還不滿二十歲，根本沒有經驗啊！」

華德立刻回答：「你聽過『天下無難事』這句話嗎？我們可以一邊做邊學嘛。我看啊，只有這麼辦了！我出去跑業務、攬生意，你就負責設計和製作客戶要求的廣告。我們

分工合作，一定會做起來的！」

「喔，對了，」華德接著說:「我在母親那裡還存了一些錢，我會全部拿出來當作開辦公司的費用。」華德伸出手來，笑咪咪的對烏比說：「讓我們握握手，互相祝賀『艾維克‧迪士尼』公司的成立吧！」

華德堅定的語氣、積極的態度、稚氣卻認真的臉龐，是非常具有說服力的。不但烏比答應做他的合夥人，他也很快的拉到了幾筆生意。一個月下來，公司的進帳竟然有一百餘元，比他倆在皮斯曼先生那兒合起來的工資還要多些，這真是一個令人興奮的開始！

那個晚上，工作完畢後，兩人走在回家的路上，華德抬頭望著天上那顆最閃亮的星星，對烏比說：「我小時候，曾向許願之星許過一個願望，我想她一定答應我了。因為……烏比，我相信你就是許願之星派來幫助我實現夢想的天使呢。」

11 邁向卡通影片

　　「艾維克克‧迪士尼」公司第一個月雖然有一百餘元的收入，但去掉運作開支和材料費用後，就所剩無幾了。又過了幾個星期，生意還是不穩定，眼看著一點點的資金就快花光了，這可怎麼辦啊？

　　有一天，烏比在無意間，看到報紙上有一則徵求卡通畫家的廣告，他立即拿去給華德看。

　　「喂，華德，快來看！『堪薩斯市幻燈片公司』正在招聘畫家，你要不要去試試看？你看起來聰明靈活，嘴巴又能說善道，一定會被錄用的。我倆這個小局面，由我一人撐著就可以了。等你拿到工資後，再投進我們的公司，生意才能運轉起來啊！」說到這裡，烏比停頓了一下，「不過……」

　　華德急忙問道：「不過什麼？」

「不過，」烏比抬起頭來望著華德，遲疑的說:「他們寫明了，要的是繪畫的一流人材呢！」

華德哈哈的笑了起來，拍著胸脯說:「那正好嘛，我就是畫卡通的一流人材呀！」

充滿了信心的華德，帶著陽光燦爛般的笑容去應徵。果然，老闆柯格先生很喜歡他，立刻給了他那份繪畫的工作，一星期可以有四十元的薪水呢。

華德每天一下班，就往自己的公司跑，想去幫烏比的忙。然而公司的業務一直沒有起色，華德想到烏比要奉養老母，得有固定的收入才行。因此他說服了柯格先生把烏比也雇用進來。至於才開業不久的「艾維克・迪士尼」公司，只好暫時歇業，等以後兩人都多累積些經驗和資金時，再重整旗鼓吧。

那時候，有一種新興的電影形式，叫做「卡通影片」，就是將有

故事情節的一連串卡通畫面活動起來，在電影銀幕上放映給人們看。通常這種影片只演一兩分鐘，多半是在正片開演前，先逗觀眾樂一樂的廣告短片，就好像是在吃大餐前，先來一碟開胃小菜一樣。

但這部一分鐘短片的製作卻很不簡單。畫家要畫上幾千張的卡通，每一張都要與前面一張有些微的不同。全部畫完後，再一張一張的用照相機照在成捲的底片上。當連續的底片用快速的電影機播放出來時，銀幕上的影像就好像會活動了呢。

因為這種短片非常受歡迎，「堪薩斯市幻燈片公司」乾脆就改名為「堪薩斯市電影廣告公司」，專門製作起卡通片了。

還記得華德小時候許的願望嗎？「卡通影片」，不正符合了他的夢想嗎？

事實上，許願之星一直在照顧

著華德，不但指引他進入電影廣告公司，還讓他搭上流行的快車，與烏比同時成為卡通片的畫家。對華德來說，繪畫、說故事和了解動畫的機械原理，都是他最喜歡做的事，能把這三種愛好結合在一起，產生出人人喜愛的影片，是多麼快樂的事啊！

華德追求完美的個性，不時的流露了出來。他認為「堪薩斯市電影廣告公司」的卡通片太呆板生硬了，應該想辦法改進。他在圖書館借了幾本有關卡通片製作的書，又向柯格先生借了一個照相機，就在家中的車庫裡，擺上一張畫畫的桌子，並搭起一個小攝影棚，照著書本上的指示，一步一步的做著各種試驗。

不久之後，華德拍出來的卡通片，其中的動作的確平穩順暢，看起來真實得多了，而且片長也增加到六、七分鐘，故事顯得更完整、

更有趣。華德建議柯格先生製作較長的片子，但是這位作風保守的老闆卻無意改變現狀。華德只好去城裡的紐曼戲院碰碰運氣，也許那兒的經理會喜歡他的構想，並收買他的影片。

戲院經理果然很欣賞華德富有創意的作品。他對華德說：「年輕人，如果我要求你畫一些與本地新聞有關的題材，你能做得到嗎？」華德立刻答道：「沒問題！您儘管說，我都能辦得到。」

華德白天在電影廣告公司上班，晚上就埋首於他的車庫工作室中，不眠不休的為紐曼戲院製作短片，並稱這些滑稽的片子為「紐曼小歡樂」。華德用幽默諷刺的漫畫手法，畫出地方人士所關心的生活事件。比如說，修補坑坑窪窪的道路啊，表示對警察態度的不滿啊，還有地方官員火熱的競選活動啊，或新商店盛大開張，舊商店大打折

扣戰等的各種情景。這樣的內容，大受當地居民的歡迎，許多人去紐曼戲院，只是為了看那幾分鐘的卡通短片呢。

　　華德一向對金錢和理財沒有什麼概念，他賣給紐曼戲院的短片，都是以成本價成交，根本不賺錢。但是他卻因「紐曼小歡樂」系列的上映，而逐漸小有名氣。昔日的同窗老友或街坊鄰居，見到他時，總是親熱的打著招呼，並大加讚賞他的成就。甚至有時候走在街上，也會有不認識的路人走上前來，對他說：「你就是華德‧迪士尼嗎？前兩天我在紐曼戲院看到你的卡通片，真不錯啊！我笑到肚子都痛了，哈哈哈……」這時，華德的臉上，就會展開一個得意的笑容，嘴角都快咧到耳朵邊啦，他覺得自己比百萬富翁還要富有上千萬倍呢！

12 歡笑卡通公司

　　伊利亞斯在果凍廠的投資，不幸又失敗了。他帶著妻子弗蘿拉和小女兒露絲，從芝加哥搬回堪薩斯市的老家。原本就很窄小的房子，現在住了爸爸媽媽、大哥一家三口、三哥洛依、華德和露絲，更顯得擁擠不堪。伊利亞斯本來想自己動手，把車庫改造成一間臥房，好讓家人住得寬鬆些。但是車庫裡堆滿了華德的「寶貝」，連腳都伸不進去。伊利亞斯知道這個車庫就是華德追求夢想的工作室，因此也就不再堅持多一間臥房的想法了。

　　房子不大，竟有意想不到的好處。一家人常常擠在客廳裡或陽臺上，談談笑笑的其樂融融。做了祖父的伊利亞斯，脾氣不再像以前那樣嚴厲暴躁了，他還經常取出小提琴，拉奏些柔美的曲子給大家聽

呢。弗蘿拉有兒孫圍繞在身邊，成天都笑得合不攏嘴，並不停的在廚房裡烹調出美味的食物。從小就愛跟在華德後面的露絲，現在已長成美麗的少女了，但是她對小哥的崇拜有增無減。一有機會就鑽進車庫裡，陪著華德工作，並仔細傾聽他那永遠講不完的，奇妙的卡通世界。

能和家人這麼親近的生活在一起，華德感到前所未有的溫暖和幸福。但是團聚的好日子沒過多久，一家人又要分散了。先是三哥洛依發現自己得了肺結核，就由退伍軍人管理機構把他送往離家很遠，但氣候乾燥的新墨西哥州醫院去治療。然後，在郵局做事的大哥郝伯特，也因工作調動，而攜妻女遠赴奧勒岡州上任。伊利亞斯非常想念離去的小孫女，再加上自己好久沒有固定收入，正不知如何維持生活時，剛好接到郝伯特的來信，邀請

他們去奧勒岡州同住，說那裡生活費用便宜，又可以互相照顧。伊利亞斯很快就賣掉了堪薩斯市的房子，帶著弗蘿拉和露絲搬去與大兒子同住了。

　　相繼與親人分離，對華德的打擊相當大。一直照顧著他的三哥洛依，已在千里之外，而現在爸爸媽媽和妹妹又要去那麼遙遠的地方，剩下他一個人孤零零的留在堪薩斯市闖蕩。華德站在火車站的月臺上，望著嗚嗚作響的火車，載走了他親愛的家人，他的眼淚再也忍不住的簌簌落下。

　　華德搬離了老家，另外找了一間公寓住下。他在事業上的進展，倒是很順利。對卡通影片的製作技巧，他已能掌握住竅門，甚至還開設了一個學習班，由他親自教導有興趣的青年如何繪製卡通。

　　有這一批幹勁兒十足的年輕人一起合作，華德認為自組公司的時

機成熟了。他辭去電影廣告公司的工作，又向親朋好友和一些地方人士募集到一萬五千元的資金。華德就在市區最熱鬧的街道上，一棟新磚房的二樓，租到了一間辦公室，並在臨街的窗戶上，掛起了「歡笑卡通公司」的大招牌。那是 1922 年的 5 月，年輕的老闆——華德·迪士尼，才剛剛過了二十歲！公司內的幾個雇員，大部分與華德年紀相仿，有的甚至還不滿二十歲呢。

華德再度邀請好友，也是卡通界的怪傑——烏比，來和他一起創業。烏比深信華德的才能，他願意辭去廣告公司穩定的工作，來和華德共同打天下。他們野心勃勃的擬訂了一套計劃，打算先拍六部短片——「小紅帽」、「灰姑娘」、「布雷門的音樂家」、「金髮女孩和三隻熊」、「穿長靴的貓」和「傑克與魔豆」。這些七分鐘的短片，原本都是家喻戶曉的民間故

事，但華德想把它們改編成更富趣味性、更具現代感的卡通片。他們立刻動手畫出活潑生動的宣傳海報，而且很快的就找到了買主。有一家名叫「圖畫俱樂部」的代理公司，願意以一萬一千元的價碼，買下這六部片子。說好了先付一百元的訂金，等半年後，片子全部交齊了，才會將餘款付清。

　　「歡笑卡通公司」裡的大孩子們，個個都純真無邪，根本沒有想過萬一將來收不到錢的時候，該怎麼辦？他們只想到努力工作，儘快達成目標。由華德帶頭，他們每天從早上做到半夜，只有在餓了的時候，才想到去樓下的餐廳裡填填肚子。到了週末，雖然說是要去戶外輕鬆一下，他們也會利用機會，在公園的草地上，或屋頂的平臺上，由華德擔任導演，排練些故事中的逗笑情節和打鬧動作，來互相啟發創作的靈感。

　　擁有這樣一群同心協力的伙伴們，華德認為「歡笑卡通公司」的前途是多麼的光明美好啊！年輕人的夢想，真是能飛多高就有多高，能飛多遠就有多遠！

班吉明開講　＊別心急，現在就告訴你這五座迪士尼夢幻王國。位於美國加州的「迪士尼樂園渡假區」(Disneyland Resort) 擁有「迪士尼樂園」和「加州冒險樂園」兩大主題公園；位於美國佛羅里達州的「華德‧迪士尼世界」(Walt Disney World) 分為「動物王國」、「魔幻影城」、「科幻天地」和「夢幻世界」四個主題樂園，還有兩個水上樂園；日本「東京迪士尼渡假區」(Tokyo Disney Resort) 有「迪士尼樂園」和「迪士尼海上樂園」兩個主題樂園；法國「巴黎迪士尼樂園渡假區」(Disney-land Resort Paris) 有「迪士尼樂園」和「華德‧迪士尼影城」兩個主題樂園；「香港迪士尼樂園」(Hong Kong Disneyland) 則是面積最小的一個迪士尼夢幻王國。

　　想不想到這些樂園去看看？就讓我小蟋蟀班吉明施展我的看家本領，帶你「跳」過去吧！

13 老鼠奇緣

　　但是，誰也沒有想到，當「歡笑卡通公司」按照合約，完成了六部卡通新片時，才發現「圖畫俱樂部」公司已經倒閉了。華德和員工們辛苦了好幾個月，到頭來只得到一百元訂金的報酬，而這時公司的資金已經快要耗盡啦！

　　為了支付雇員們的薪資，華德想盡辦法去賺錢。每當公司裡那部唯一的攝影機空下來時，華德就扛起它，跑出去尋找拍攝新聞的機會，若剛好抓到有價值的鏡頭，就可以趕快拿去賣給新聞社或報章雜誌。他甚至到處去為嬰兒或幼童拍攝影片，通常父母們看到自己的孩子在片中的可愛模樣，都會毫不吝惜的付費購買。雖然華德疲於奔命的設法掙錢，但終於再也無法支持公司的開支了。他只好傷心的看著

伙伴們一一離去，最後，忠心耿耿的烏比也要回到電影廣告公司去上班了，畢竟，他不能讓年邁的母親跟著挨餓啊。

　　華德窮到連房租都付不出來了，只好搬到預付過租金的辦公室去暫住。

　　他睡在又冷又硬的長木椅上，每天早上睜開眼時，是一天中最難過的時刻了。因為樓下的餐廳裡，總是飄送出早餐烤蛋餅和煎肉腸的香味，饑腸轆轆的華德只有硬吞口水的份兒，他在樓下賒欠的錢已經太多了，實在不好意思再下去吃飯。他不禁想起與家人同住的時候，廚房裡永遠有吃不完的東西，媽媽還不停的往他的盤中填加食物……華德眼睜睜的瞪著天花板，他是多麼想念家人，一個人真孤單啊……孤單？喔，其實並不！華德從長木椅上跳了起來，走到桌子旁，急忙打開抽屜，一隻小老鼠立刻鑽

了出來。

「嗨，早安，毛特摩，差點把你給忘啦！餓了吧？來來來，先吃點麵包屑，等我有錢時，再買塊乳酪給你打牙祭……」

那隻名叫「毛特摩」的小老鼠，是幾個星期前華德在辦公室的牆角發現的。華德擔心餐廳老闆養的那隻大胖貓，會來把小老鼠吃掉，所以就在抽屜裡，用碎紙屑為毛特摩佈置了一個溫暖的窩。白天，當華德一個人坐在辦公室裡工作時，毛特摩就在桌子上來回的轉來轉去。當華德在打電話時，毛特摩會站在話筒上仔細的傾聽。而當華德要去睡覺時，毛特摩也會乖乖的鑽回抽屜裡休息。這個善解人意的小傢伙，成為華德失意時最忠實的朋友，也是寂寞時最好的良伴。

華德趁著樓裡其他的辦公室還沒有上班之前，拿著盥洗袋，走到走廊盡頭的洗手間中，快快的梳洗

一番。不巧正碰上餐廳的老闆來用廁所。

「早啊,華德,怎麼好久不見你下來吃飯了呢?」

「喔,我辦公室裡有吃的,有、有豆子罐頭。」華德含糊的回答。

「什麼?豆子罐頭?那怎麼夠!你還這麼年輕,需要營養來發展你的骨骼呀!你儘管下來吃,帳算我的!」老闆邊說邊走了出去。

等華德提著盥洗袋,回到辦公室時,發現門口放了一盤早餐,有炒蛋、煎香腸、烤麵包、咖啡,啊!還有一塊乳酪哩!

當華德和毛特摩津津有味的享用著盤中的美食時,華德想著:「人間處處有溫情啊。將來在我拍的影片中,一定要反映出這些美好的、溫暖的人性。」

忽然,電話鈴聲響了「鈴……鈴……鈴……」,毛特摩一下子就

跳上了聽筒。

華德清了清喉嚨，拿起電話，一本正經的說道：「早安。這裡是『歡笑卡通公司』，我是總經理華德‧迪士尼，有什麼可以為您效勞的嗎？」

「哈囉，華德啊，我是麥醫生，你的牙醫呀！」

喔，原來是從小看著華德長大的麥醫生，華德立刻放鬆了心情。麥醫生說他願意付五百元，委託「歡笑卡通公司」製作一部宣傳牙齒保健的短片，並請華德立刻去他的診所裡簽個合約。

這五百塊錢，真像是從天上掉下來的，多麼令人驚喜！但是，華德低頭望了望自己的光腳丫子，難為情的說：「麥醫生，我非常願意為您服務，但是我沒辦法去您那兒簽約。」

「為什麼？」麥醫生不解的問。

「因為……因為我唯一的一雙

鞋子磨穿了底，送去修理了，但我還沒有錢去把鞋取回來……」

哎，誰叫麥醫生碰上這種怪事呢？仁慈的老牙醫搖了搖頭，只好去替華德把鞋取出來，再親自送去給「歡笑卡通公司」的那位光著腳的總經理。

華德滿心感激的和麥醫生簽下了合約，並認真的拍攝出一部有趣的短劇「湯米塔克的牙齒」。老牙醫滿意極了，直說：「華德這小子真行，我沒看走眼。」

正在這時，華德接到三哥洛依從新墨西哥州寄來的信，上面寫著：「親愛的小弟：我最近已轉入洛杉磯的退伍軍人醫院療養。好久沒有你的消息，是不是又缺錢用啦？寄上一張我簽過名的空白支票給你應應急吧。但是，你可要記住喔，最多只能支現三十元。」

華德有了麥醫生的五百元和洛依的三十元，他的夢想又開始復活

了。

這次，他有了更新的點子，他想將真實的人物和卡通的人物，混合在一起演出。他甚至連影片的名字都想好了，就叫做「愛麗絲夢遊卡通國」吧。他找到一個名叫「維琴尼亞」的四歲小女孩，來演「愛麗絲」。可愛的小女孩在一塊畫有卡通背景和角色的布幕前演出，華德利用攝影的技巧，將真實的人和虛幻的卡通，配合得非常巧妙。華德認為這是卡通影片中的一個創舉，他興奮的寫信給紐約的一位著名代理商。信上說：

「尊敬的溫克勒小姐：『歡笑卡通公司』又有一項震撼世界的新發明！……由真人飾演的愛麗絲，將在影片中與卡通人物共遊仙境……」

溫克勒小姐在回信中，表示很有興趣，催促華德儘快寄樣片給她看。

　　華德把幾位已經離去的員工又找了回來，幫他一起設計製作這部「新發明」。

　　然而，五百三十元並不是一個大數目，買材料、發薪資，很快就又用光了，工作伙伴們失望的紛紛離去。華德想再施展他個人的魅力和銷售的技巧，向「歡笑卡通公司」原先的投資者們要求再增加些資金。但是這一回，多半的投資人都搖頭不願意，還有的投資人好心的勸這個愛做夢的總經理:「算了吧，華德，卡通影片沒有什麼前途的。你長得這麼帥，不如去好萊塢演電影算了!」

　　所謂「窮則變，變則通」啊，華德也懂這個道理。去好萊塢發展，倒是一個變通的好主意! 華德本來就喜歡演戲，不是吹牛哦，小時候他和好友皮費弗合演的卓別林鬧劇，還得過獎哩。好萊塢是世界上最大的電影王國，發展的機會應

該很多。憑著華德的長相和才能，就是當不成男主角，也可以去當導演啊。

華德要以最體面的方式，進入璀璨繁華的好萊塢。但是他口袋裡的錢，只夠買一件新襯衫和一個假皮製的公事包。於是，他又扛起攝影機，馬不停蹄的到處去兜攬生意，直到他認為賺夠了旅費，才萬分不捨的把攝影機賣掉。華德用他所有的錢，興高采烈的買了一張去好萊塢的頭等火車票。

到了要和毛特摩說再見的時候了。但是，華德絕不能把這個曾經共患難的好朋友，遺棄在抽屜裡而不顧。因為樓下那隻肥貓，遲早會把牠給活活吞掉。華德把小老鼠放入紙盒裡，帶到公園中綠油油的草地上。

「毛特摩，我倆就在這裡道別吧。」華德從口袋中掏出一塊乳酪，餵著那隻以為是出來郊遊野餐的小

傢伙。

　　「再見吧，毛特摩……你要好好照顧自己。」華德轉身快步離去，但毛特摩吱吱的叫著追趕了上來，咬住華德的褲腿不放。

　　「小東西，對不起啊，實在沒法子帶你去好萊塢……」華德哽咽的說道：「不過，我絕對不會忘記你的，等我成功後，一定也讓你和我一起揚名天下。」華德輕柔的把毛特摩拉開，然後，頭也不回的向前狂奔而去。

14 前往好萊塢

　　華德有位名叫羅伯特的叔叔，家住在好萊塢的附近。很自然的，華德就逕自前往叔叔的家中落腳暫住。經濟寬裕的羅伯特，本來應該照顧照顧自己的親侄子，但他擔心愛做夢的華德萬一找不到工作，可能會賴在他家裡不走了，所以要求侄子每個星期得付五塊錢的房租。華德毫不在乎的說：「沒問題，羅伯特叔叔，等我去電影片場轉轉，一定很快就可以找到工作。到時候，別說只要五塊錢，您就是要五十塊錢一星期，我也付得起啊。」

　　然而，事實並不像華德想像中的那樣簡單。1920 年代的好萊塢，電影事業正如日中天，炙手可熱的默片巨星，比如說，卓別林、范倫鐵諾、費班克、史璜生、碧克馥等，都是頭上頂著富貴榮華的光

93

環，受到全世界影迷崇拜的名人。然而，他們畢竟是少數的幸運兒，其他還有成千上萬尋求「電影夢」的人們，終日徘徊在片場的門外，怎麼也擠不進這個光輝耀目的行業。

別說當什麼男主角、大導演啦，華德連一個臨時演員的工作都摸不著邊兒！聰明的華德，很快的就意識到自己不認識重要人物，也沒有社會背景，是很難在這個人才濟濟的電影王國中占一席之地的。他考慮著，是不是該回到製作卡通影片的老本行上？

那時，卡通片已經有十幾年的歷史了，但在蓬勃發展的影片界中，一直是處於一個不受重視的次要地位，本身也沒有太多的發展和突破。華德心想，也許這正是他可以開拓的一個空間！雖然專業的卡通製片已經集中在東部的紐約了，但誰說不能在西部的好萊塢，另外

建立起一個卡通製作的中心呢？

　　主意既定，華德就硬起頭皮，再去和叔叔商量，是不是可以租用叔叔的車庫當工作室？羅伯特皺著眉頭咕噥著：「你的房租一次都還沒有繳過哪，怎麼還好意思開口借車庫？」然而，抱怨歸抱怨，誰叫華德是他親兄弟的小兒子呢？羅伯特只好極不情願的把車庫中的東西挪開，騰出地方來讓侄兒「工作」。

　　華德打開他的假皮公事包，取出那份未完成的「愛麗絲夢遊卡通國」的畫稿，並拿出信紙，開始寫著：

　　　　「尊敬的溫克勒小姐：『歡笑卡通公司』振奮人心的新影集──『愛麗絲喜劇系列』即將推出！日前本公司已由堪薩斯市，遷往有『影都』之稱的好萊塢，以便充分利用此地先進的器材、完善的設備，以及訓練有素的專業人材。先前和您提過的『愛麗絲夢遊卡通

國』即為系列影片之一，完成後將寄去您在紐約的辦公室，請您指教並盼與您簽訂代理合約。」

其實，溫克勒小姐的閱歷豐富，她曾經看過華德以前拍的短片。她認為這個小伙子，語氣雖然有些誇張，但可以感覺出他對卡通事業的熱情，而且他的構想新穎，極富創意又不落俗套。那麼，為什麼不給這樣的年輕人一個機會呢？溫克勒小姐立即提起筆來，寫道：

「……欣聞『歡笑卡通公司』繼續製作『愛麗絲喜劇系列』。本人願擔任代理工作。每部片子一經收到，即付上一千六百元……」

當華德接到這封充滿了鼓勵字眼兒的回信，真是欣喜萬分！他迫不及待的想將這個好消息，告訴住在附近療養院中的三哥洛依。雖然天已經黑了，但那阻擋不住華德的興奮之情，他手中緊握著信，一路狂奔到了療養院。

洛依穿著睡衣，急忙走進會客室，看見跑得上氣不接下氣的華德。他緊張的問道：「小弟，出了什麼事了嗎？看你滿頭是汗……」

華德高高舉起手中的信，大聲嚷著：「洛依，我得到一份合約！一個紐約的代理商，要買我的卡通……」

「噓……小聲點兒，很多人都睡了呢，我們去院子裡談吧。」

兄弟倆在門前臺階上坐下，華德焦急的說：「三哥，我好不容易拿到簽約的機會，依照約定，我得儘快出片。但是，我身邊連一個幫忙的人都沒有。三哥，你能來和我合作嗎？」

洛依摸了摸頭，猶豫的說：「小弟，我真為你高興，也很想幫你的忙。但是，我連攝影機也不會用呢！」

華德立刻說：「那太簡單了，我一教你就會啦。其實，我最希望你

幫忙的地方，就是你的專長——財務管理。老實說，我前幾次的失敗，都是因為財務上出了問題。」

洛依想起上次華德的「歡笑卡通公司」，辛辛苦苦的製作了六部短片，才拿到一百元的慘痛經驗，也不禁為弟弟捏把冷汗。

洛依想了想，就對華德說：「天已晚了，你先回去吧。明天一早，我會請醫生替我檢查身體，如果沒有毛病了，我就申請出院，去幫你一起實現你的夢想吧！」

華德走在回去的路上，抬頭看見黑夜星空中，有顆最大最亮的星星正在向他眨眼，像是在說：「華德，做得好！請三哥洛依來幫忙管理財務，是你一生中，下得最好的一步棋。」

15 迪士尼兄弟製片廠

　　洛依的身體已經康復，只是比較虛弱而已，但醫生准許了他立刻出院的要求。洛依也已搬進羅伯特叔叔的家中，和華德擠在一個房間裡住著。

　　好了，下一步就是該籌募開展業務的資金啦。洛依略加思索，他每個月能領退伍軍人的退休金八十元，勉強夠維持他和華德的生活費用了。因此，他就非常爽快的把自己全部的積蓄──兩百元，統統投進公司的資金。可憐的羅伯特，不但等於免費的供兩個侄兒吃住，還被哥倆天花亂墜的勸說著，竟糊里糊塗的掏出五百元來投資。

　　當然，最讓洛依和華德感動的，是爸爸伊利亞斯的來信：

　　「……知道你們兄弟二人將攜手共同發展卡通片事業，我和你們

的母親都甚感欣慰。華德是個有遠見的夢想家，而洛依卻是實事求是的實踐者。你們的合作，將有光明遠大的前景。寄上我和弗蘿拉的儲蓄金兩千五百元，祝你們順利成功。……」

1923年的10月間，「迪士尼兄弟製片廠」註冊開張了。洛依正式和溫克勒小姐簽訂了合約，確定溫克勒小姐將購買「愛麗絲喜劇系列」十二集影片的發行權，以保障新公司有不斷運轉的本錢。

洛依又以每個月十元的租金，租妥了一間辦公室兼攝影場。華德則向三哥支了兩百元，買下一架二手的攝影機。他又寫了一封文情並茂的信，邀請遠在堪薩斯市的好友烏比搬來好萊塢，共創前途美好的卡通王國。

那時，烏比憑著他過人的才華和不懈的努力，已經晉升到堪薩斯市電影廣告公司裡「藝術總監」的

位置了，他和母親的生活，也因此過得十分平穩舒適。但是，華德那封熱情洋溢的信，卻在他平靜的心湖中，投下了一塊巨石。他心裡非常想和華德再度合作，也深信他們會有成就非凡的未來。但是，目前安定的生活就會被擾亂了，他忍心讓母親再和他一起吃苦嗎？

當烏比的母親知道了兒子的煩惱時，就對烏比說:「孩子，做你想要做的事吧。不要顧慮太多，也不要為生命留下遺憾。而且，……」烏比的母親聳了聳肩，用輕鬆的語氣說道:「我可是一直想去好萊塢，看看那些大明星呢。」

有了母親的這番話，烏比毅然的辭去了工作，在母親的陪伴下，開車從堪薩斯市一路駛往好萊塢。幸運之星又把天使送到華德的身邊了。

溫克勒小姐建議，愛麗絲那個小女孩的角色，應該由原先的扮演

者──維琴尼亞來繼續完成。因此，在華德熱切的懇求下，維琴尼亞的父母也決定舉家由堪薩斯市遷來好萊塢，好就近照顧小女兒，並讓她能安心的參與演出。

在華德的策劃和導演下，烏比的筆飛快的舞動著，畫出一張接著一張的可愛又滑稽的卡通，而小小年紀的維琴尼亞，也能活潑靈巧的配合表演。這個「夢幻組合」的隊伍，大約每兩個星期，就可以完成「愛麗絲喜劇系列」中的一部影片。洛依嚴格的控制預算，並將溫克勒小姐寄來的每一張支票，都立即存入公司在銀行的帳戶內。

看起來，一切都按照計劃，順利的進行著。只有羅伯特叔叔擔心他的投資將會血本無歸，整天嘮嘮叨叨的唸個不停，洛依和華德實在忍受不了，只好搬離叔叔的家，在一棟破舊公寓裡，合租了一個房間。為了確保能支付烏比和維琴尼

亞的薪資，迪士尼兄弟省吃儉用的過著日子。兩人只有一套像樣的外出服，所以不能同時出去應酬或和人談公事。

　中午在餐廳吃飯時，哥倆也只會點一份午餐合著吃。但是，他們對未來，充滿了信心。無論多麼辛苦，都不會動搖他們的信念，「迪士尼兄弟製片廠」出品的影片，將會征服整個電影界！

16 美滿姻緣

　　白天，洛依和華德在那個連窗戶都沒有的辦公室裡一起工作。晚上，他倆又擠在一個小房間裡睡覺休息。一天二十四小時，兄弟二人總是眼對眼、鼻碰鼻的，沒有一點個人的空間。日子久了，難免就有一些互相看不順眼的情形發生了。不過，洛依還是很讓弟弟的。不管下班後有多疲倦，只要一回到家，洛依就繫上圍裙，急忙的去做飯給華德吃。

　　而弟弟卻三番五次的抱怨哥哥做的飯菜。有一次，華德又在咕噥著：「我的天哪，菜怎麼這樣鹹？牛肉又為什麼這麼硬，這真不是人吃的東西！」

　　洛依聽到弟弟這麼說，立刻把圍裙往地上一摔，「少囉嗦，我已經盡力了！嫌不好吃？那你來做做

看！」說完，洛依一氣嘟嘟的用叉子叉起一塊牛肉放入自己嘴裡，嗯……真的，真的嚼不動，實在……哎！實在是難以下嚥！

　　洛依想起遠在堪薩斯市的女友愛德娜，原先說好了等他的肺病痊癒後就結婚的，現在卻為了忙於事業而拖延著婚期。也許，洛依想著，也許是該請愛德娜來好萊塢，和他建立一個家庭的時候了。有了家，生活起居就有人照料，這對他正在康復的身體很有好處。愛德娜又是一位烹飪高手，他和弟弟都不必再為做飯而發愁啦。

　　洛依和愛德娜結婚後，搬入另一間公寓，華德天天都去哥哥嫂嫂家吃香噴噴、熱騰騰的飯菜。華德眼見哥嫂的家庭溫暖、生活又幸福，心中非常羨慕。但是他曾經說過，事業未成，絕不結婚。看樣子，這個想法大概得改變了。

　　華德開始注意起身邊的女孩

子。公司裡新來了幾位幫忙在畫上填色的年輕女職員，其中有一位從愛達荷州來的，名叫「莉利安・邦士」的小姐，長得特別清純嬌美。華德對她很有好感，為了接近她，還自告奮勇的開車送女職員們下班回家。雖然莉利安的住處離公司最近，但華德總是先送別的女孩，最後才再折回來送莉利安。到了她家門口，兩人就坐在車裡談天說地的也不下車，華德總覺得他的衣著太不體面，不好意思進屋去見莉利安的家人。

經過了幾個月的努力，公司的帳上終於顯示出盈餘的數字。洛依興奮的發獎金給每個員工。華德馬上用他那筆錢去買了一套西服，然後就得意洋洋的穿去見莉利安的家人了。華德有一副高大挺拔的身材，慧黠頑皮的微笑和兩撇迷人的小鬍子，加上他親切隨和的態度，立即贏得莉利安家人的喜愛。尤其

是莉利安的母親，更是丈母娘看準女婿，越看越歡心啊，小倆口的婚事也就這樣拍板定案啦。

洛依和華德先後在 1925 年內結了婚。婚姻生活都十分美滿，妯娌之間也相處得非常融洽，公司裡的業務更是蒸蒸日上。1926 年時，公司搬入「海泊龍」大道上新建成的製片廠內。洛依建議將公司名改為一個人的名字，唸起來會比較響亮。華德同意的說：「三哥，那太好了，就用你的名字吧！」洛依連忙說：「不，小弟，這個公司是因你的夢想而形成的，應該用你的名字才對，而且『華德‧迪士尼製片廠』這幾個字，唸起來多麼順口。」

這時，「愛麗絲喜劇系列」的頭十二集影片都已完成，紐約的溫克勒小姐，對這套作品甚為滿意，並將所有的影片，轉賣到美國東部的許多大城市裡，在各個大戲院中上映哩。

　　說起這位心地仁慈寬大的溫克勒小姐，也傳來了結婚的好消息。她嫁給一位影片代理商閔斯先生。溫克勒小姐通知迪士尼兄弟，婚後她就要退休了，以後公事的聯絡，將全部交由夫婿閔斯先生接管。

班吉明開講 ＊首先，我們來到位於美國加州的「迪士尼樂園渡假區」。這裡分為兩大主題樂園，一個是「迪士尼樂園」，一個是「加州冒險樂園」。迪士尼樂園自 1955 年開幕至今，一直是觀光客來洛杉磯絕對不會錯過的重要景點。到了 2001 年，在迪士尼樂園的南邊增建了「加州冒險樂園」，融入加州著名景點，並設有各種刺激的遊樂設施。不過，我們的時間有限，就先逛逛「迪士尼樂園」吧！

咦！來迎接我們的不就是米老鼠米奇和米妮嗎？你們要帶我們到睡美人城堡去？睡美人已經在那裡等我們了？嘩！真是太棒了！

先讓我們穿越時空隧道來到一百多年前的「美國大街」，這裡有各式各樣的商店，更是觀賞迪士尼花車大遊行的最佳地點。你看，美國大街上消防局的二樓，曾是華德休息的地方。

聳立在樂園正中央的睡美人城堡，是迪士尼樂園的精神象徵與地標。在這個「幻想世界」裡，擁有最多的遊樂設施，是與童話故事最密不可分的夢幻王國。其中的「小小世界」是迪士尼樂園的經典之作，充滿童趣。

看到這些有趣的遊樂設施，我知道你現在一定很想去玩，但是，我們不能失禮讓睡美人等太久，所以其他還來不及看的「明日世界」、「邊疆世界」、「幻想世界」、「米奇卡通城」、「冒險世界」，就等你有空的時候再自己去逛逛吧！

「迪士尼樂園渡假區」網址：
http://disneyland.disney.go.com/disneyland/en_US

17 幸運兔子奧斯華

閔斯是個非常精明苛刻的生意人。「愛麗絲喜劇系列」發行後，一直受到歡迎，但當閔斯和華德談續約時，閔斯竟只願出一千五百元一部的價錢，來購買新的影片。那比以前的價碼，每部一千六百元要少一百元哪。況且，閔斯對華德製作的影片，常常故意的挑剔，付款時也拖拖拉拉的很不乾脆，這都是讓華德很頭痛的事。幸好，溫克勒小姐總是以公正的立場，為兩邊調停拉攏，雙方才能繼續合作下去。

到了 1927 年，「愛麗絲喜劇系列」已經連續發行了兩年，跳跳蹦蹦的小女孩和卡通人物混合在一起的演出，也慢慢失去了對觀眾的吸引力。

華德常常在思考，該如何做一個新的轉變？

　　正在這個時候，環球影片公司委託閔斯，找人製作一套以一隻兔子為主的卡通影集。當閔斯把這個消息告訴他的妻子，也就是溫克勒小姐時，這位十分念舊的閔斯太太就對丈夫說：「我看，你把機會給華德‧迪士尼吧。畢竟，你們已經有不少的合作經驗了嘛。」

　　因此，閔斯和華德之間的合約，就從「愛麗絲喜劇系列」改成「幸運兔子奧斯華」影集了。迪士尼公司必須每兩星期就要製作出一部影片，而閔斯接到影片後，也必須立即付款兩千兩百五十元。

　　華德和烏比，對創造一個新的卡通形象，感到無比的興奮。他倆每天埋首在工作室裡，一遍又一遍的畫著兔子的各種造形，過了好幾天，才終於將這個名叫「奧斯華」的兔子定了型，並得到閔斯的同意和認可。

　　在華德和烏比精心設計下，卡

通兔子奧斯華的演出，簡直就像真人表演一般，不但動作流暢自然，個性也鮮明突出。整部片子充滿了幽默的笑料，令人捧腹不已。各地的好評，蜂擁而至，這隻幸運的兔子，幾乎就在一夜之間，變成了人人喜愛的大明星，印有「幸運兔子奧斯華」滑稽模樣的各種商品，更是大受歡迎而熱賣。閔斯一定也很高興，因為每當他一接到新影片時，就立刻派他在好萊塢的業務代表，親自把支票送去給洛依。這個能言善道的業務代表，因為經常去送錢，所以和迪士尼公司的畫家都混得很熟。

　　有成功的影集、有穩定的收入、有三哥洛依掌管財務、有好友烏比負責繪畫，還有一批為公司打拚的員工，一直在困境中掙扎的迪士尼公司，終於站穩了腳步，華德感到自己比兔子奧斯華還要幸運呢。

　　1928 年的年初時，洛依體貼的對華德說：「小弟，兔子影集的合約就要期滿了。你何不帶著莉利安去紐約一趟，一方面去和閔斯談談續約的問題，另方面也藉這個機會和莉利安出去玩玩，放鬆一下。」

班吉明開講

＊上回見到美麗的睡美人，她優雅的談吐真令人回味。這回咱們就去拜訪拜訪「仙履奇緣」的辛蒂瑞拉吧！抓緊了，讓我用力一跳，跳到佛羅里達州的「華德‧迪士尼世界」。1971 年開幕的「華德‧迪士尼世界」是全世界最大的主題樂園，擁有四座超大型的主題樂園、三座水上樂園，當然還有許多渡假飯店、商店、餐廳等等。

乍看之下，這裡和上回我們去的「迪士尼樂園渡假區」很像，可是你仔細觀察，有沒有發現有什麼不同？對了，在樂園中心的城堡和加州的不一樣，這是辛蒂瑞拉和王子共度幸福快樂的日子的城堡。

還有什麼不同呢？就是來到這裡你一定不能不知道的「EPCOT──未來社區的典範」。原本華德希望建造的是一個社區，有提供人們居住的公寓，有醫院、有學校等一切公共設施，社區裡應用的是世界上最先進的科學技術，並且不斷的創新與改進。不過，現在無法依照華德的想法去進行了。

啊，這裡實在太大了，沒有三五天是沒法逛完的。我小蟋蟀班吉明，要先去休息一下了。如果你還有時間、體力，就再逛逛吧！

「華德‧迪士尼世界」網址：http://disneyworld.disney.go.com/

18 米老鼠的誕生

　　華德知道閔斯是個厲害難纏的人，但卻萬萬沒想到這位代理商，竟是如此的陰險狡猾。

　　滿面笑容的華德，走進閔斯在紐約的辦公室。一陣應酬似的寒喧後，華德用他充滿了熱情的語氣說：「閔斯先生，謝謝您一向的關照，我們的合作可真愉快啊。」

　　閔斯的表情冷淡，皮笑肉不笑的哼了一聲。

　　華德繼續興奮的說下去：「聽說『幸運兔子奧斯華』在各地都大出風頭，在戲院上映時，甚至還把正片都給比了下去呢！哈哈哈……」

　　閔斯冷冷的點了點頭，華德開始有些不安了，他乾咳了兩聲，說道：「這次，我專程從洛杉磯來紐約看您，就是想商量一下續約的問題……」

　　閔斯打斷了華德的話，說道：「你來得正好，我也正想和你好好的談談。」

　　華德心中的火花又被點燃了：「閔斯先生，為了保證今後的影集，品質更好、內容更精采，我需要增加一些製作的費用。因此，我想將每一部影片的售價略微提升到兩千五百元……」

　　閔斯嘿嘿的冷笑了幾聲：「迪士尼先生，奧斯華影片雖然賺錢，但是我的宣傳費用也大為增加啊。老實說，發行你的影片，根本就是賠錢生意哪！我還在想請你把價錢降低至一千八百元呢。」

　　華德用力搔了搔頭，心想，這個紐約商人可真夠狠毒的，不過他還是誠懇的對閔斯說：「一千八百元？那實在不夠應付我的支出。我的畫家，個個都有高超的畫技，我需要付給他們合理的報酬……」

　　閔斯露出一個詭異的微笑，陰

沉的說:「就是一千八百元，一個子兒也不加了。你若不肯的話，我就把你那些畫技高超的畫家，全都請來紐約，就在這裡為我繼續畫奧斯華影集。」

華德簡直不敢相信有人會用這種卑劣的手段來對待他，他大聲的抗議著:「閔斯先生，你的想法是不可能實現的。我的畫家，多半是我在堪薩斯市的同鄉，他們和我情同手足，絕對不會背叛我來投靠你！再說，奧斯華兔子的形象，是由迪士尼公司創造出來的，若不經我們的同意，你怎麼能夠任意的抄襲?」

「哈哈哈！」閔斯發出了刺耳的笑聲:「老弟啊，你未免太天真了吧！你的那些同鄉畫家們，早已和我的好萊塢業務代表簽了約啦。而且，請你再仔細看看我們當初簽的合約，上面清清楚楚的寫著：環球影片公司擁有奧斯華的所有版權。老弟，你搞錯了，幸運兔子並不屬

於你！哈哈哈……」

華德倒像是一隻中了箭的兔子，心中滴著血，倉皇的跑回旅館。他打了一個長途電話到加州的公司裡，要洛依立即查證閔斯的話是不是真的？

洛依很快的就調查出來了，閔斯的那個業務代表，每次送錢來的時候，總是流連不去的和員工們聊天，原來他是在探聽消息、挑撥離間和散佈謠言。在他的重金利誘下，公司的畫家，都已祕密的和閔斯簽了約。

只有那個有情有義的烏比，拒絕了閔斯開出的優厚條件，他說他絕不會偷偷摸摸的做出對不起朋友的事。洛依也詳細的讀了「幸運兔子奧斯華」的合約，在最下面的一行小字中，的確提到版權歸環球影片公司所有。

華德垂頭喪氣的坐在床邊，莉利安輕聲安慰他說：「『塞翁失馬，

焉知非福』，一切往好處想吧！我們也別在紐約待著了，明天就坐火車回去了，好嗎？」

我們不是說過，華德從小就是個火車迷嗎？只要一坐上火車，他總是興高采烈，眉飛色舞的像個快樂的孩子。但是，這一次卻不一樣，車輪轟隆轟隆的滾動聲，是多麼單調啊，聽起來又讓人感到多麼的淒涼和孤單啊。

失去了奧斯華兔子，華德還不太在乎。但是，他所信任的「兄弟們」，竟背信忘義的離他而去，這才真是讓他痛心的事啊。忽然，他想起了那曾經伴他度過孤單歲月的小老鼠毛特摩，想起了牠對他的信任，也想起了最後在公園草地上，毛特摩那雙不解的眼神。華德這時才了解到那隻小老鼠的失望和痛苦，他覺得非常愧疚。

華德從口袋中取出了速寫本，開始描繪出他記憶中的朋友「毛特

摩」，他不停的畫啊畫，最後畫出一個卡通型的小老鼠，圓臉、圓耳、兩個像黑色鈕扣似的圓眼睛、細細的胳臂、長長的腿、手上戴著白手套、腳上又穿著大鞋子。

華德把速寫本遞給莉利安，並對她說：「妳看，這就是將要代替奧斯華兔子的小老鼠『毛特摩』，妳喜歡嗎？」

「這個造形真可愛！」莉利安露出一個欣喜的笑容，「不過，『毛特摩』聽起來太嚴肅了，乾脆就叫牠為『米老鼠』如何？」

華德心想，無論小老鼠叫什麼名字，在他的心中，永遠是好友「毛特摩」。不過，莉利安的建議很好，卡通人物的名字，需要通俗親切、容易上口。「米老鼠」，倒是一個非常合適的選擇。

據說，後來舉世聞名的「米老鼠」，就是這樣的誕生在轟隆轟隆前進的火車上呢。

19

有聲有色
添光彩

　　說起來，米老鼠之所以能舉世聞名，烏比的貢獻是功不可沒的。當華德將他畫的草圖給烏比看時，這位繪畫的天才立刻就心領神會，並隨手修飾了一下，給米老鼠畫上一個頑皮的笑容，還穿上有兩個圓扣子的短褲。烏比覺得這米老鼠好像有了生命，變成一個活生生的人物。他再仔細的看了看，忍不住一邊笑著一邊說：「華德，這米老鼠很像你呢。那正好，以後我畫牠時，就把你的個性賦予給這可愛的小東西吧。」

　　華德挑高了眉毛，問道：「哦──我的個性？有什麼特別的地方嗎？」

　　烏比微笑著說：「有啊。據我這些年來的觀察，你的確是一個樂觀進取，又天真熱情的人。你有美好的夢想，又喜愛冒險，卻常常因為

不切實際，而遇上困難和麻煩。好在你越挫越勇，有一股拚命向前衝的勁兒，所以最後的成功總是屬於你。」

說著說著，烏比的靈感就如同泉水般的湧出，他的手不停的畫啊畫，在短短的幾個星期內，竟然畫出了好幾部米老鼠影片。其中包括「飛機也瘋狂」、「快馬背上的印第安人」和「汽船威利」。

正在這個時候，也就是 1927 年間，電影界發生了一項驚人的大變動。那就是電影從無聲的默片時代，走進了可以聽到演員說話的有聲影片時代。靈敏的華德，立刻決定要讓他的卡通片配上音樂、卡通人物開口說話。他甚至要親自為米老鼠這個角色配音呢。

在洛依的同意和支持下，華德單槍匹馬的帶著「汽船威利」去紐約找最好的配音裝備。那時，有聲影片才剛剛發明，技術還不穩定，

但製片家們卻趨之若驚，紛紛把自己的影片送出去配上聲音，因此紐約的影片錄音市場顯得非常混亂。

華德幾乎被淹沒在這一片混亂之中，他到處觀看比價，卻找不出一個頭緒來。這時，一位名叫「包維斯」的錄音商出現了，他言談風趣，態度又熱心。華德就在他的指引下，雇用了一個樂團，並租用了包維斯的配音設備。他們再三的排練，都一直無法讓音樂和片中的動作配合得很好。通常人們可能會顧及到配音成本太高，只要有聲音出來，對不對得上嘴形，就馬馬虎虎算了。

華德可不這麼想。他連米老鼠吹口哨的細微動作都要和哨音配合得天衣無縫。但是樂團和配音設備都是按時計費的，這樣反覆的演練，得花多少錢啊？華德雖然也很緊張，但是父親的話，總縈繞在他的耳邊：「做任何事，都要做得正

確，做得徹底。」他決心要製作出一部完美無缺的傑作！至於「錢」這個東西嘛，那就打電報去加州，叫洛依寄過來就好了。

洛依馬上就拍來回電：「華德，你瘋啦？我又不是銀行，哪裡去籌那麼多錢？」

華德又回電：「三哥，拜託你了。去要、去借、去典當都在所不惜！」

洛依東借西挪的，終於籌足了款寄給華德，其中包括賣掉華德最心愛的汽車而換來的錢。

早年華德在堪薩斯市製作卡通短片時，曾結識一位名叫「史塔林」的年輕音樂家，並成為很談得來的好朋友。史塔林精通古典音樂，並對通俗的民間流行歌曲也很在行，他常在戲院裡彈奏風琴，為正在放映的無聲影片配樂。

在進行「汽船威利」的配音工作時，華德想起了遠在堪薩斯市的

史塔林，也許可以請這位老友在配樂方面參加一些意見。於是，華德就誠懇的邀請史塔林前來紐約助他一臂之力。

「汽船威利」的配音，終於令華德滿意啦。他把片子送去紐約的柯隆戲院。1928 年的 11 月 18 日，全世界第一部的有聲卡通影片，就正式上演了！正如華德預料，紐約的各大報章雜誌，都對這部卡通片做出了熱烈的好評。「米老鼠」這個卡通人物也一炮而紅。華德每天晚上都站在戲院的最後一排，觀察人們的反應。只要「汽船威利」一開演，觀眾就高興的笑個不停，掌聲也不絕於耳。跟著演出正片時，觀眾的反應反而很平淡。電影散場的時候，魚貫而出的人們全都在談論著「米老鼠」，有人還學地輕鬆的吹著口哨呢。

華德的努力和堅持，沒有白費。現在，他唯一的願望，就是趕

快回家，把這個好消息親自告訴莉利安、洛依和烏比。然後，馬上動手製作更多更好的影片。

由於「汽船威利」的音樂效果非常的成功，華德決定聘請史塔林前來擔任音樂部門的主管。這時，公司無論在創意、繪圖、音樂、配聲和管理等各方面，都有了堅強的陣容。新出品的米老鼠影集，一部比一部更受歡迎，而米老鼠已經成為眾所周知的大明星，就連片中其他的角色，米妮小姐、高飛狗、笨狗普魯托等，統統都是人人寵愛的卡通人物了。

人們瘋狂的購買和收集一切有關米老鼠的產品。報紙上只要有刊載米老鼠的漫畫專欄，銷路立即大增。人們去電影院，第一句話就問:「今天演不演米老鼠?」因此各個戲院都爭先恐後的上演著米老鼠影集。甚至英國女皇也下令特製米老鼠瓷盤，當作送給兒童們的禮物。

　　「米老鼠」風靡了整個美國，喔，不！應該說「米老鼠」旋風席捲了全世界！歐洲、南美洲、亞洲……就連遠在地球另一端的中國，都有著無數熱愛米老鼠電影和漫畫的人呢。

　　雖然米老鼠大出風頭，洛依卻不時的提醒華德，不要樂昏了頭，應該同時製作出另一套影集，以免時間久了，人們對「米老鼠影集」感到厭倦時，會出現青黃不接的危機。先前的那套「愛麗絲喜劇系列」，到後來逐漸失去對觀眾的吸引力，不就是最好的前車之鑑嗎？

　　華德召集了公司內的高級主管們，一起思考如何創造出新的影集。對音樂最熟悉的史塔林建議：「傳統的製片方式，是先想好情節和角色，再配上音樂。我們為何不能把它反過來製作？那就是說，先譜好樂曲，再根據對這段樂曲的想像，去發展出片中的故事和人物。」

　　華德立刻拍手叫好，「妙極了！這樣可以給畫家們許多自由想像的空間，和激發他們的創作力。每一部影片都有不同的音樂、故事和人物，觀眾就永遠不會覺得厭煩啦！」華德對著史塔林說：「你這個主意太好了，那麼就請你為第一部片子譜曲吧。」

　　華德為這套短片影集命名為「天真交響曲系列」。史塔林譜了第一首樂曲，烏比就配著音樂，畫出了令人毛骨悚然，卻又生動有趣的「骷髏之舞」。

　　「米老鼠」與「天真交響曲系列」，都順利的進行著。「華德‧迪士尼製片廠」網羅了許多人材，並已成為卡通影片界的先驅和領導者。

　　1932 年，另一項劃時代的新發明出現了，那就是「彩色攝影」。當然囉，愛嘗試新技法的華德，立刻就想把正在拍攝的「天真交響

曲」之一的「花與樹」，從黑白片改成彩色片。這個想法遭到洛依極力的反對，因為要放棄就快完成的「花與樹」黑白版，重新繪成彩色版，將需要很大的成本，而公司並沒有那麼多的閒錢，可以讓華德想做什麼就做什麼！

華德又來了，他說：「三哥，拜託了，製作出彩色的『花與樹』是我的夢想，你一定可以湊出錢來，讓我實現這個夢想的，是嗎？」

華德不但實現了他的夢想，而且這部有聲有色的卡通片「花與樹」，竟然得到 1932 年電影藝術科學學院頒發的一座金像獎！這個萬人矚目的電影界最高獎項，頒發給一部不是由真人演出的卡通片，這還是破天荒頭一遭呢！

20 「三隻小豬」不怕大惡狼

「華德・迪士尼製片廠」的名氣越來越響亮。許多優秀的藝術家就是不拿薪資，也想擠進這個充滿了活力和創意的團體。但是，也有一些華德原來的雇員，在累積了經驗後，就想出去自立門戶，烏比・艾維克就是其中之一。

當華德知道烏比要離職的消息時，他震驚得說不出話來。烏比是和他一起開闢江山的伙伴，是最傑出的畫家，是他的左右手，也是他的保護天使啊！華德在心中暗泣，萬分傷心的想著：「烏比老友，你怎能離我而去呢？」繼而一想，凡是能力超群的人，都會有想要獨當一面的慾望。做為一個真正的朋友，他應該鼓勵烏比去追求和發展自己的天空。因此，華德用力拍著烏比的肩膀，語重心長的說：「老友，祝你

好運！需要我幫忙的地方，隨時開口。我相信不久的將來，我倆一定會再度合作的。記住哦，我會永遠伸開雙臂等待你。」

華德非常重視公司裡各方面專家的意見。每次構想新影片時，他都會召集他的「思考團隊」圍坐在一起進行討論。就像這一次，他們又圍坐成一個圓圈，正在為「天真交響曲」系列中的第三十六部影片，一起在絞腦汁呢。

開場白總是由華德擔任，「我想各位都了解，卡通人物雖然全是虛構的，但是他們得有真實的個性，才能捉住觀眾的心。在計劃這部新短片的時候，我們要集中全力，去強調片中卡通人物的個性。」

立刻有人做出了回應，「華德，我想起一個老的寓言故事『三隻小豬』，很適合改拍成卡通片。故事中的三隻小豬，各有各的特性，非常惹人憐愛，就連那兇險狡

133

詐的大惡狼，也有很鮮明的性格。」

這個建議，馬上引起了大家的興趣和熱烈的討論。一個音樂部門的同事，站起來走向牆角的鋼琴，叮叮咚咚的就彈出一段活潑輕快的調子。製作部門的一個小伙子，也站了起來，隨著琴聲即興的邊跳邊唱：

誰怕大惡狼？誰怕大惡狼？
啦啦……啦啦啦……
三隻小豬要蓋屋，不讓狼進來，
第一隻小豬用稻草蓋好屋，
就去吹笛子玩兒；
第二隻小豬用柳條蓋好屋，
就去和女友跳舞；
第三隻小豬不貪玩，也不馬虎，
流著汗，一塊一塊用磚頭蓋好屋。
大惡狼來了，
第一口氣，吹倒了稻草屋；
第二口氣，吹垮了柳條屋。
兩隻小豬逃進第三隻小豬的磚屋裡，

磚屋結實吹不動，
生氣的大惡狼要從煙囪進，
不幸啊不幸，
惡狼掉進了壁爐的火堆裡！
三隻小豬高聲唱：
誰怕大惡狼？誰怕大惡狼？
啦啦……啦啦啦……

　　這部新片一出爐，就受到觀眾的熱愛，這與當時的社會環境有關。1930 年代，正值美國經濟不景氣的時期，人們把蕭條的經濟狀況，想像成那匹兇狠可怕的大惡狼，而自己則是戰勝惡狼的小豬。

　　因此，只要是有演「三隻小豬」卡通片的戲院前，總是大排長龍。而街頭巷尾也處處傳出「誰怕大惡狼」激昂的歌聲。

21 「白雪公主」感人肺腑

　　這一連串的成功，給華德個人和公司，都帶來了豐厚的名利。華德和洛依兩人的家庭經濟也大為好轉，生活過得非常舒適。而當洛依對著公司帳簿時，也不再唉聲嘆氣了。

　　但是，華德又有新主意了！到目前為止，公司出品的都是短片，最長的也不過只有十幾分鐘。而現在，華德想拍一部長達九十分鐘的劇情長片，並要洛依做好一個五十萬元預算的準備。

　　「五十萬元？」洛依大叫了起來：「你以為公司裡的錢，已經堆成了金字塔了嗎？」

　　華德笑了起來，「三哥，如果只是用錢堆成一個金字塔，又有什麼用呢？『錢』這個東西，就是要你拿它來做點兒什麼事，才有意義

137

啊！」

　　洛依太了解這個小弟了，只要是他想做的事，是沒有什麼法子可以阻擋的。不過，事實也證明了華德那些不可能的夢想，後來都一一圓滿成功的實現了。看樣子，洛依又得去銀行，為弟弟的「卡通劇情長片」貸款啦。

　　不久之後的一個晚上，華德召集「思考團隊」開會。大家照例圍坐在會議室內，等待華德宣佈開會的內容。華德站在中央，開始演起獨腳戲。他演一個狠毒的女皇，嫉妒公主的美貌；他演天真無邪的公主逃到七個小矮人的家裡；他演出每一個小矮人的個性；他演女皇變成的恐怖女巫，騙公主吃掉毒蘋果；他演英俊的白馬王子親吻了睡在玻璃棺木中的公主，又演公主醒過來時，每個人快樂的表情。對啦，他一個人花了三個小時，仔細演完了整齣「白雪公主」的故事。

他演得那麼細膩動人、又那麼真情流露，「思考團隊」中的每一個人，都熱淚盈眶、如醉如癡。

然後，華德鄭重其事的向大家說:「這就是我們將要製作的長片。這是個大膽的嘗試，我需要你們每一個人的合作和支持。」

這個消息，很快的就傳遍了好萊塢的電影界。許多製片人對華德的這項計劃都嗤之以鼻。

「哼，開玩笑吧？誰會坐在電影院中，看九十分鐘那麼長的卡通片？」

「華德這傢伙真是癡人說夢，卡通片中畫出來的公主和王子，又不是真人飾演，怎麼會談戀愛？」

「聽說這部卡通片製作預算要五十萬呢，洛依看起來很精明能幹的嘛，怎麼會讓華德這樣亂糟蹋錢？哎，這件事真可以稱做『迪士尼兄弟的大蠢事』啦。」

華德才不理會別人怎麼說，就

開始動工了。從 1934 年起，「白雪公主」一共拍了四年，動用了幾百名的員工，畫了兩百萬張圖片，用掉比預算多出三倍的錢，在華德嚴密的品質掌控下，終於完工了。可憐的財務總管洛依一，為了不斷的替這部片子籌錢，頭髮都白了一半！

1937 年的 12 月 21 日，卡通長片「白雪公主」，在洛杉磯的國泰圓環戲院舉行首演典禮。一時冠蓋雲集，盛況空前，好萊塢的大人物們都到齊了呢。最讓華德高興的，是他從小就崇拜的巨星卓別林，居然也來向他道賀哩。

整整九十分鐘，所有的觀眾都聚精會神的注視著銀幕，隨著劇情的起伏，一會兒喜，一會兒憂。後來，當白雪公主離開人世時，那些坐在觀眾席上，不知演過多少影片的大明星們，竟然抽抽搭搭的掉下了真情的眼淚。最後，白馬王子深情的一吻，竟使公主復活過來，所

有的觀眾都忍不住的站起來，拚命的鼓掌，大家為公主和王子歡呼，更為華德的成功而歡呼。

這個被人稱做「迪士尼兄弟大蠢事」的卡通片，贏得了1937年的奧斯卡金像獎。主辦單位除了頒發一座金像獎給華德之外，還特別訂製了七座小金像獎，頒發給片中的七個小矮人。

喔，差點兒忘記提了，就在製作「白雪公主」的這四年期間，華德和莉利安的小家庭裡，也添加了兩位小公主，姐姐「黛安」和妹妹「秀倫」。

華德現在不僅是一位受人尊敬和羨慕的製片家，也是一位快樂又驕傲的父親。

22 「皮諾丘、幻想曲斑比」再創佳績

　　「白雪公主」製作的成功和引起的轟動，使華德確定了公司未來努力的方向。短片系列必須繼續做下去，但主要的注意力，應該集中在發展卡通劇情長片上面。

　　有許多製片家看見「白雪公主」創造了奇蹟，也想拍攝卡通長片。但他們都缺少像華德一樣的想像力、創造力、樂觀、熱情、執著和決心，因此沒有人可以和華德競爭。「迪士尼製片廠」已成為最有權威的卡通王國。

　　這個王國一直在擴大，到了1940年時，已經有一千五百個員工了。原來在海泊龍大道上的製片廠，雖然一再擴建，但還是顯得擁擠不堪。因此洛依和華德決定在「博班克」地區，建造一個現代化的大製片廠，好讓所有的員工都因

為有個舒適的環境，而能發揮出最好的工作效率。

新製片廠像一個小城市，到處是紅花綠草、樹影婆娑。裡面除了有辦公室、會議室、工作室、技術實驗室、攝影棚、戲院和舞臺等多座建築外，還有正式的餐館、咖啡館和健身房等休閒場所。畫家的畫室內，都有明亮的光線。所有的大樓裡，也全部裝置了冷氣設備，不讓炎熱的南加州氣候，影響到工作人員平和愉快的心情。

平和愉快？有時倒也未必。片廠內有三個長片計劃同時在進行，沉重的工作壓力，常常讓人緊張得喘不過氣來呢。

第一部長片「木偶奇遇記」，講述老木匠和他所製作的小木偶的故事。小木偶名叫「皮諾丘」，他夢想能成為一個有生命的小孩，來陪伴好心又寂寞的老木匠。幸運之星願意幫助皮諾丘達成他的願望，

但是小木偶必須通過「誠實、勇敢、不自私」的各種考驗，才能變成一個真正的小男孩。有隻叫做「班吉明」的小蟋蟀，自願當皮諾丘的「良知先生」，引導小木偶通過了所有的難關！哎哎，說實在的，這隻小蟋蟀真是聰明絕頂，又神通廣大呢！

這部長片，又獲得了 1940 年奧斯卡金像獎的特別獎。主題曲「當你向幸運之星說……」也榮獲最佳歌曲獎。還值得一提的是，影片中利用攝影的技巧，拍出了立體畫面的效果，這又是卡通片的一個重大的突破。

第二部長片名為「幻想曲」。雖然沒有什麼劇情，卻是影壇上一個偉大的創作！因為它用著名的古典樂曲來做背景，而讓藝術家們揣摩作曲家的心境和情緒，再以卡通繪畫的方式把它表達出來。簡單的說，就是用卡通畫來詮釋音樂。除

了華德之外，誰能想得出這樣的主意？除了華德之外，誰又有膽量投入龐大的人力和財力，來做這樣的嘗試？

這部影片裡的音樂，都是由華德的好友，指揮家史塔克沃斯基，指揮費城交響樂團演奏的著名樂章。其中包括柴可夫斯基的「胡桃鉗組曲」、貝多芬的「田園交響曲」、舒伯特的「聖母頌」、保羅杜卡斯的「魔法師的學徒」等耳熟能詳的曲子。華德讓米老鼠在片中客串一角，飾演魔法師的學徒，引起了不少緊張又有趣的笑料。

第三部長片，也就是人人都喜愛的「小鹿斑比」。片中描述一隻名叫「斑比」的小鹿，在森林中長大的故事。為了追求畫面的真實，華德花了很多的心血，來訓練他的卡通畫家們。他先是請不同的動物專家來片廠，為工作人員講解各種動物的習性和動作。又送畫家們去

動物園和野外做實地觀摩，並觀看許多有關森林、暴風雨、雪地等景色的影片。

甚至還在片廠中，用欄杆圍出一個小小動物園，裡面養了小鹿、兔子、鴨子、貓頭鷹、臭鼬鼠等小動物，以便畫家們隨時隨地的觀察寫生。

關於劇情的發展，華德也絲毫不放鬆的經常與劇組人員討論。當畫家畫出母鹿，也就是斑比的媽媽，被獵人射殺後，倒在雪地上的血泊裡時，華德不贊同的說：「這樣直接的表示方式，太血腥殘忍，也太沒有想像力了。」

華德一邊表演一邊解說：「不如讓斑比在雪花紛飛的森林中焦急的四處尋找媽媽。這時，公鹿爸爸出現了，他沉重的對斑比說：『孩子，跟我走吧。你的媽媽不能再和你在一起了。』斑比尾隨著爸爸，卻不斷回頭，豆大的眼淚從眼角落下。可

憐的小鹿，他是多麼希望能再看到
媽媽一眼啊！」

　　當畫家們聽完華德表現母鹿死
去的方法，他們的眼角也都流下了
豆大的淚珠，有人還豎起了大拇
指，欽佩的對華德說：「你是我所見
過最會說故事的人！」

　　這三部影片雖然都花了很多的
人力、金錢和時間，但是這些投資
實在太值得了。華德不同凡響的眼
光和魄力，製作出這些經典的影
片，是屬於全世界的財富，也是整
個人類的福氣啊。

23

罷工風波

　　這些賣座的影片，的確為迪士尼公司賺進不少的利潤。洛依拿出一部分給工作人員們分紅，剩餘的就讓華德再投資製作新的影片。洛依和華德並沒有把錢放入自己的口袋裡，兄弟倆還是過著樸實無華的日子。

　　華德在工作上，對員工們的要求很嚴格。事情若不照他的意思進行，他也會顯出固執暴躁的一面。但在私底下，他對公司裡的每一個人，都像對待自己家人那樣親切。若有人家中有喜事，華德就會送花去道賀。若有人生病請長假，華德也照樣發給他薪水。

　　但是，就有一些唯恐天下不亂的人，在公司裡散佈謠言，煽動大家的情緒。

　　「喂，你們這樣賣命的工作，

到底是為了誰啊？大家知道嗎，光是『白雪公主』一部片子，就賺了八百萬！但是，錢都到哪裡去了？我敢打賭，都進了老闆的腰包啦！我猜那個華德‧迪士尼都是用百元大鈔來點燃他抽的香煙吧？我們這些被剝削的員工，應該組織一個工會，來保障我們的權益。我們也可以罷工啊，給迪士尼兄弟一點顏色看看！」

華德萬萬沒有想到，被他視為家人的公司員工，會聯合起來對付他。看到每天公司門前那群舉牌示威的隊伍，他實在傷透了心。

洛依勸華德暫時離開一下，出國去散散心。華德因此就接受了美國政府的邀請，去南美洲做親善工作，順便收集一些影片的材料。

華德訪問了阿根廷、巴西和智利等國家。樂觀熱情的南美洲人，一直就愛看美國的卡通片。對米老鼠、唐老鴨等卡通人物更是熟悉得

不得了了。他們稱華德‧迪士尼為「卡通之父」，華德所到之處，總是被包圍得水洩不通，造成極大的轟動。華德沒有想到，他的卡通影片和人物，在國外也有這麼大的影響力，這使他非常欣慰。

　　當華德回到加州時，罷工風波已經平息。華德一點也不怨恨那些曾經與他作對的員工，反而親熱的拍著他們的肩膀，說道：「兄弟們，讓我們動手製作下一部影片吧！」

24 製片廠變軍營

　　下一部影片呢，當然就是小飛象「當博」嘍。故事是說，有一隻叫「當博」的小象，他一直為自己怪異的大耳朵而自卑，後來發現這對耳朵可以讓他飛起來，他就重新拾回了信心，變成一個翱翔天空的大明星。

　　不用說，這部動人心弦的影片，又掀起了一片熱潮！就連鼎鼎有名的《時代週刊》雜誌，都準備用小飛象的畫像來做 1941 年聖誕節特刊的封面呢。可惜，這個計劃沒能實現，因為有一個讓全世界震驚的大新聞，占據了所有報章雜誌的版面！

　　那就是 1941 年的 12 月 7 日，日本出其不意的轟炸了美國在夏威夷的海軍基地「珍珠港」。第二天美國就向日本宣戰，因此而捲入了第

二次世界大戰的戰火中，全國軍民立即進入備戰的警戒狀態。

在迪士尼片廠的附近，有一個大型的飛機製造廠。美國政府為了要保護這個飛機工廠不被敵人襲擊，因此特別派了七百名陸軍，進駐迪士尼片廠達八個月之久。這段期間，製片廠內的安檢特別嚴格，員工們進出都得戴通行證，並接受檢查。大部分的大樓，都被軍隊占用了。員工們只好擠得像沙丁魚似的，在片場剩餘的畫室中工作。就連停車場都變成了存放砲彈軍火的地方。

這些變化嚴重的影響到迪士尼公司的正常運作，但是華德一點兒也不在意。他認為國家正處於戰爭時期，每一個國民都應該盡力去配合政府的一切決定和措施。並且，製片廠忽然變成了軍營，華德像個孩子似的，感到莫名的興奮和刺激。他很喜歡看見四周都是雄糾糾

氣昂昂的士兵、吉普車、軍用設備和各種機器。

　　他甚至停止拍攝正在進行中的「小飛俠」，而自告奮勇的為政府製作一些戰時教育和宣傳的短片。他為飛機廠攝製訓練技術人員的影片，為海軍攝製有關飛機識別的影片，為財政部攝製鼓勵國人踴躍繳稅的影片，為一般民眾攝製如何防蚊保健康的影片……只要是對國家和人民有利的片子，華德都不計成本的、以最快的速度製作出來。

　　為了不要讓這些教育和宣傳短片，像說教似的枯燥無味，華德把那些受人歡迎的卡通人物統統搬出來當短片主角。比如請可愛的七個小矮人來教人們防蚊蟲，或藉唐老鴨來勸人們為愛國而趕快繳稅。這些影片在全國各地上映，效果十分顯著。據說，有好幾百萬人是聽從唐老鴨的話，才趕緊去繳稅的。

　　華德經歷過兩次世界大戰，他

雖然沒有機會荷槍實彈的上戰場，但是他用畫筆、用影片，為在戰爭中的國家，做出了最大的貢獻。

班吉明開講

＊來到充滿藝術氣息的巴黎，我小蟋蟀班吉明也不覺變得浪漫了起來。你問我是不是要帶你去參觀羅浮宮？不，當然不是啊。你忘了嗎？巴黎也有迪士尼的夢幻王國啊！

1992 年在距離巴黎 25 公里的一個小鎮，巴黎迪士尼樂園正式開幕。和其他的迪士尼樂園一樣，巴黎迪士尼樂園也有一座精神象徵的城堡，這個城堡造形雖然同樣是仿照睡美人的家，但是高度幾乎是加州迪士尼樂園中城堡高度的兩倍，而且雕飾精細、富麗堂皇。

另外，你看看這裡的美國小鎮大街是不是有濃濃的歐洲市集的精緻風格？最特別的一點是巴黎迪士尼樂園沒有「明日世界」，而是以「發明世界」替代，這是因為巴黎迪士尼樂園的基調是歐洲古典時代的風格，因此「發明世界」是以十九世紀歐洲古典科學時代的科學探索為主題，不像其他樂園中以未來科技為主題。

好了，看夠了沒？我小蟋蟀班吉明還得趕場呢！快抓緊我，這一跳可要跳得遠囉！

「巴黎迪士尼樂園渡假區」網址：http://disneylandparis.com/uk/

25 永遠的火車迷

1945 年，戰爭終於結束了，日子又恢復到以往的平靜。親切溫馨、幽默逗趣的卡通影片，正好能幫助人們放鬆因戰爭而緊繃的心情。因此迪士尼公司積極的籌拍新的影片，其中包括卡通片「小飛俠」、「愛麗絲夢遊仙境」、「仙履奇緣」，以及由真人與卡通人物混合演出的「南方之歌」等。片廠比以前更加忙碌，但因為一切運作都已經上了軌道，而且各個部門均有專業人材負責，因此華德可以不需要事必躬親了。

華德對於公司的運轉和作業，感到特別樂觀和放心，還有一個非常關鍵的原因。那就是天才級的老友烏比，又回到迪士尼公司工作了。烏比雖然聰明過人，又畫技超群，但他意識到自己的才能，只有

在與華德的創意互相沖激下，才能迸發出更大的火花。烏比終其一生，都沒有再離開過迪士尼公司。他真的像是一個保護天使，一直確保著迪士尼產品，都有最高的品質和應用了最先進的科技。

1948 年的夏天，在工作上比較輕鬆了一些的華德，注意到在芝加哥正在舉行一個盛大的火車博覽會。華德立即邀請公司裡另外一位火車迷，就是名叫「渥德‧金寶」的畫家，一起前往芝加哥觀看大展。哦，對不起，打個岔，這位畫家曾經設計出許多有名的卡通人物，當然，包括了人見人愛的小蟋蟀班吉明啦。

博覽會中的陳列包羅萬象，華德和金寶簡直看傻了眼。管理人員說，如果他倆能在每天早上展覽會開始前到展場，就特別准許他們幫忙檢查火車零件，上機油、擦車輪等的準備工作。如果還有時間，甚

至可以試開那些具有歷史意義的古董火車。華德和金寶興奮極了,接連好幾個早上,天還沒亮呢,就趕到了展覽會場。開火車、拉汽笛、模仿著火車站長大聲宣佈:「火車要開了,上車吧!」……兩個大孩子真是過足了癮!

華德想起小時候送報時,看見人家散置在院子裡的,有著長長軌道的小火車,心中不知道有多麼羨慕,就是悄悄的摸一下,都覺得很開心。於是,他在博覽會上買了好多好多套帶軌道的火車模型,準備分送給所有親戚的孩子們,當然包括了三哥洛依的兒子,和住在奧勒岡州的妹妹露絲的兒子。

至於自己的兩個女兒呢?華德有更好的主意!他要圍著家裡的院子,築一條半哩長的小軌道,然後親自做出一個有真火車八分之一尺寸的小火車,車頭內有驅動的引擎和各種機械,會冒蒸氣,也可以拉

汽笛。莉利安和兩個女兒，甚至所有鄰居、朋友的孩子們，都歡迎坐在車廂上繞場一周。

莉利安有些不高興，她擔心那一片她精心種植的玫瑰花圃，會被鐵軌壓壞了。

華德笑嘻嘻的說：「早就想到啦！我的火車開到妳的玫瑰花圃前，就鑽入地下隧道了，放心吧。」

華德在家中院子裡，開自製小火車的夢想很快的就實現了。然而，他還有一個與火車有關的、更大的夢想，正在開始孕育呢。

26 向電視進軍

　　華德是個非常盡責任的好爸爸。平日不管多麼忙碌，他總要親自送兩個女兒上學。每個星期六，是華德自訂的「父女日」，無論女兒想做什麼，或要去哪兒玩，他都會盡力陪伴。

　　黛安和秀倫最喜歡去一個離家不遠的小遊樂場，騎那轉啊轉個不停的旋轉木馬。華德總是坐在旁邊的長椅上，一邊吃著花生米，一邊耐心的等待。他常常想，如果遊樂場內還有些別的玩意兒，可以讓父母和孩子們一起玩，那就太好了，他也就不會這麼無聊的乾坐著啦。

　　想著想著，華德乾脆掏出筆記本，畫出他理想中的遊樂場。他在紙上畫了一個大圓圈，圈內就是將要設計的大眾樂園。當然嘍，第一件事得先要沿著圓圈的外圍築一條

鐵路，嗚嗚作響的火車，可以不停的帶著人們進入樂園中的每一個部分。

嗯，就從進入樂園後說起吧。首先看見一條寬敞的主要街道，最好要像華德小時候住過的堪薩斯市的大街。街道兩旁有很多的商店，糖果店、理髮店、玩具店、汽水店、冰淇淋店、歌劇院、電影院……，對了，應該還有一些辦公大樓、銀行、消防隊、郵局什麼的，看起來才像一個真正的城市大街。街道的盡頭，會出現一座富麗堂皇的城堡，就像童話中公主和王子住的那種地方。通過了城堡，接著走入一個像夢幻般的王國中，那裡有風格不同的各種區域，比如說「熱帶叢林探險區」啦、「西部邊境紅番區」啦、「夢幻卡通王國區」啦、「未來科技新世界區」啦……

華德越畫越興奮，設計圖也越畫越大，越畫越複雜。他決定去和

三哥談談，並要求三哥幫他找錢來蓋他夢想中的大眾樂園。

洛依看了華德的設計圖，也很激動。他絕對相信華德的夢想，最後都會成真。然而，每一次為了要實現弟弟的美夢，他都得拚命的去籌錢，這個過程，對他來說實在太辛苦了！

「老弟啊，」洛依不得不把華德拉回現實的世界裡，「戰爭中的那幾年，製片廠變成了軍營，你又不要報酬一個勁兒的為政府製作影片，你知道我們虧損了多少錢嗎？這幾年來，我不斷的向銀行打躬作揖的貸款，來維持公司的運轉。現在好不容易才剛開始可以還掉一些欠債，而你又來要錢了！你想建的這個什麼樂園，所需要的錢，可不是一筆小數目啊！我實在不好意思再向銀行開口啦，你自己去想辦法吧。」

華德被澆了一頭冷水，垂頭喪

氣的回到家中。他連晚飯也不想吃，獨自坐在客廳裡發呆。這時小女兒秀倫走過來依偎在華德的身邊說:「爸爸，陪我看電視好嗎?」

電視裡正在播演一個滑稽劇，秀倫看得很開心，咯咯的笑個不停。

華德猛然的一拍大腿，高興的叫了出來:「有了!我找到可以幫我籌款的方法了!那就是『電視』啊!」

那時，電視才發明不久，但是很快的就進入了美國的家家戶戶，成為最受歡迎的家庭娛樂方式。華德心想，如果他能利用「電視」這個大眾傳播的媒介，把迪士尼公司出品的一些卡通短片，甚至他的大眾樂園的構想，統統介紹給千千萬萬坐在電視機前的觀眾，一定會引起大家的注意和興趣。這樣一來，既可以達到為影片做宣傳的效果，又可以吸引人們來投資建造一

個屬於大家的樂園。

　　洛依也認為這是一個很不錯的主意。他答應代表迪士尼公司，去紐約和三家主要的電視臺商談。最後他和美國廣播電視公司達成協議，由華德主持每週一小時的「迪士尼樂園」節目，而電視公司也將參與投資和支持華德建造一個「夢幻王國」，也就是那個大眾樂園。

　　1954 年的 10 月 27 日，「迪士尼樂園」節目第一次開播了。雖然，那時候電視只能顯示黑白兩色，但華德堅持他的節目要用彩色攝製。他預言「彩色電視的時代，馬上就要來臨了！」

　　華德的節目，受到空前的歡迎。很快的就從每週一小時的「迪士尼樂園」，變成每天一小時的「米老鼠俱樂部」節目。從週一到週五，每晚五點到六點，幾乎所有美國的電視，都鎖定在迪士尼節目上，全家大小圍坐在客廳裡，一起

觀賞，一同歡笑。

　　美國廣播電視公司有這樣高收視率的好節目，吸引了許多廠商想在節目中做廣告。電視公司因此賺進了一大筆廣告費，所以也就很慷慨的、積極的贊助「夢幻王國」的建造計劃了。

班吉明開講

＊呼，真累！你看看我們現在到哪兒了？沒錯，這是「東京迪士尼渡假區」。其中的「東京迪士尼樂園」，早在 1983 年就隆重開幕，是迪士尼樂園集團在海外的第一個據點。經過十多年的發展，早已成為一個應有盡有的渡假區。

快點兒，我們得趕上園區「迪士尼渡假區線」的單軌列車。這列車把整個渡假區串聯起來，讓我們可以更輕鬆的遊遍整個渡假區。

你看，一對對年輕的日本男女手牽著手，徜徉在浪漫的夢幻王國中，多麼令人羨慕啊！你知道嗎？日本的年輕女孩被問到最想跟男朋友去哪裡約會？大多會毫不考慮的回答：「東京迪士尼樂園。」她們都期待在園內有個充滿夢幻而且驚喜的約會。

我們在這兒下車吧！東京迪士尼樂園的主街是一個「世界市集」，頂層還有一個採光的透明玻璃屋頂，在這充滿歐洲古典藝術的世界市集中，有不少服飾店、餐廳、玩具店，更有寬敞的中庭，是用餐和「血拼」的好地方。

雖然東京迪士尼樂園是完全仿照美國迪士尼而建的，但是你只要細心觀察，就會發現許多屬於東京迪士尼樂園獨特的趣味。啊，差點忘了告訴你，這兒的城堡幾乎跟佛羅里達州「華德‧迪士尼世界」的城堡相同，都是以辛蒂瑞拉的城堡為藍圖。你好好的玩吧！

「東京迪士尼渡假區」網址：http://www.tokyodisneyresort.co.jp/

27 夢幻王國
迪士尼樂園

　　華德為他心目中的夢幻王國，取了一個正式的名字，叫做「迪士尼樂園」。1954 年底，樂園就在南加州的「安那罕」這個地方，正式破土動工了。

　　樂園的建造，大致是照華德原先的設計進行。但是華德又請了最好的雕塑家、建築家、藝術家、工程師、特殊效果設計師等專家，組成了一個「夢幻工程隊」。夢幻工程師們，要想出如何創造整體的氣氛，使不同主題的區域可以連貫起來，讓遊客不會遺漏任何好玩的地方。他們還要不斷的提供如何改進樂園的意見。

　　動工期間，華德乾脆就住在工地，日日夜夜的察看各處工程的進展。他廢寢忘食，又一絲不苟的工作態度，贏得了所有工作人員的敬

重，大家都想同心協力，打造出一個完美的樂園。

1955 年 7 月 17 日，「迪士尼樂園」在眾人的期待中，舉行了開幕典禮。三萬多人擠進了樂園內的主街，其中包括名賈政要，新聞界、影藝界人士和黑壓壓一片的遊客，每一個人都因為能見證這歷史的一刻而激動萬分。

華德從容的講了一段簡短的開幕詞。大意是說:「我希望各位進入迪士尼樂園後，會感到這裡不同於我們每天生活的現實世界，這裡是一個令人驚喜的夢幻王國，這裡是每一個人的樂園，有供人懷舊的地方，也有面對未來挑戰的地方。……希望這個樂園，會帶給全世界無限的快樂和啟發人們無限的想像空間……」

迪士尼樂園雖然已經開放了，但是在華德的心中，這個夢幻王國是永遠不會完工的。他對洛依說：

「經營這個樂園，可比製作影片好玩多了。當影片拍完，送去電影院放映後，我若發現影片中有不滿意的地方，或有觀眾不喜歡的畫面，我就是想把它從銀幕上取下來修改一下，都沒有機會了。然而，這個樂園卻不同，我每天觀察遊客的反應，人們喜歡的地方就加強，不喜歡的呢，就設法改進或拆掉重建。而且，在這裡，樹會長、花會開，景觀永遠在變。再說，我可以一直加入我新的夢想……」

　　洛依微笑的點了點頭，心想：「加入新的夢想？老弟啊，那都是要花錢的呀！不過，這個樂園才開放了幾個星期，遊客就已經超過了一百萬人，光是門票的收入就已經十分可觀了。華德的確有他的本事，能幫助他實現夢想，而帶給人們更多的歡樂，也是一件很有意義的事。」

28 金像獎最愛 歡樂滿人間

　　雖然「迪士尼樂園」占據了華德整個心思，但他對影片製作並沒有忘情。「迪士尼製片廠」在 1950 及 1960 年代，繼續出品了許多膾炙人口的卡通片和真人拍攝的電影，比如說「金銀島」、「俠盜羅賓漢」、「淑女與流浪漢」、「火車頭大追逐」、「老黃狗」、「海角一樂園」等等。華德一向信任所有為他工作的專業人才，所以在拍這些片子時，他已不參與細節討論，只管掌握影片製作的方向和品質。

　　現在，「迪士尼樂園」也井然有序的運作了起來，華德不必再像剛開始的時候，投入那樣多的時間和精力了。於是，他想起了一個放在心上很久的心願。

　　當黛安和秀倫還是小女孩時，每天晚上臨睡前，華德都要為她倆

唸一段書中的故事。兩個小姐妹最
愛聽的，就是英國女作家「曹維
斯」所寫的《瑪麗帕平斯》。華德
常想，如果能將這本流行的故事
書，拍成動人的卡通片，一定會大
受歡迎。不過，那時候，公司的財
務總是拮据困難，若要拍這部影
片，除了龐大的製作費用外，還要
向作家買拍電影的版權。聽說，曹
維斯並不是一位好商量的作家，所
以想拍成卡通片的計劃，就一直拖
延著。

當華德向烏比提起這件事時，
烏比說，「何不把它拍成一個真人
和卡通搭配演出，並穿插悅耳動聽
歌曲的影片呢？」

故事中的「瑪麗」，是一個有
法力的褓姆，她只要一撐開傘，就
可以在空中悠然遨遊。華德問:「若
用真人來演，她可以很自然的在天
上飛來飛去嗎？」

烏比拍了拍胸脯，說:「現在的

電影科技進步多了，利用剪輯和視覺效果的技術，可以變出很多花樣，這些都難不倒我。放心吧，一切包在我身上。」

下一步，就是去英國與曹維斯女士商談購買版權的事。這位英國女作家對華德敬重有加，兩人相談甚歡。拍電影的事，也就順利的得到了作家的首肯。

這個長久的心願，終於可以付諸實現了。華德親自邀請著名影星「茱麗‧安德魯斯」擔任女主角，「狄克‧凡代克」擔任男主角。並挑選了公司各部門的精英，組成一個籌拍小組。華德經常參加他們的討論，並提出許多個人的意見。他想要拍出一生中最滿意的一部傑作。

這時華德已經六十餘歲了，也許是年齡越長，越愛回憶起往事吧。他想起已經過世的爸爸媽媽，在他和洛依創業之初，曾經毫不猶

豫的拿出全部的儲蓄給他們當資金；他想起瑪格麗特嬸嬸，總是給他送來各種顏色的畫筆和一疊疊的畫紙；他想起皮費弗的爸爸，不厭其煩的教他唱歌演戲；他想起那位好脾氣的麥醫生，專程去為他取鞋；他想起餐廳老闆，不聲不響的送來早餐，還有他最親愛的三哥，總是為他排難解圍……還有……人間的溫情和歡笑，真是說也說不完。華德想把這分溫馨，表現在影片中。所以，他決定把片名定為「歡樂滿人間」。

這部片子絕對沒有讓他失望，甚至可以說是他所製作過的影片中，最成功的一部！

1964 年 8 月 27 日，「歡樂滿人間」在好萊塢舉行首演，再度引起了巨大的轟動，並得到各界潮湧般的好評。第一次發行，就賺進了四千四百萬元。更令華德興奮的是，這部片子得到十三項奧斯卡的提

名，其中有五項獲得了金像獎，包括最佳女主角、最佳配樂、最佳歌曲，當然，還有最佳剪輯和最佳視覺效果獎。華德抱了滿懷閃閃發亮的獎座，眼中泛著淚光，嘴角卻浮起了滿意的笑容。

班吉明開講

＊玩遍了各地的迪士尼樂園，當然不能錯過最新開幕的香港迪士尼樂園啊！這回咱們就到小巧精緻的香港迪士尼樂園瞧瞧吧。嘩，這麼多人？我想一定是因為從香港機場到這兒只要二十分鐘的時間，從中環搭地鐵也只要三十分鐘，交通非常便利，所以大家都迫不及待想來香港迪士尼樂園享受夢幻般的世界。

喂，喂，小心你的腳下有我小蟋蟀班吉明！喂，喂，小心點兒……呼，香港迪士尼樂園的魅力實在無法擋！我小蟋蟀班吉明先在這美國小鎮大街上休息一會兒，你好好逛逛，回頭再來找我吧！

我想，能見到每一位到迪士尼樂園遊玩的人們臉上幸福的笑容，這就是華德最大的心願吧！

「香港迪士尼樂園」網址：http://park.hongkongdisneyland.com/

29 「華德・迪士尼世界」邁向未來

迪士尼樂園內的那條主街，充滿了中西部小鎮的悠閒氣氛。那裡常讓華德回憶起他的少年時代，因此他在主街消防隊的樓上，佈置了一間舒適的公寓，常常和莉利安去那裡住個幾天，忙中偷閒的在主街上吃個冰淇淋、喝個汽水什麼的，重溫兒時的舊夢。

那時，黛安和秀倫都已結婚生子，華德和莉利安也就成為孫輩成群的外公和外婆啦。孫兒孫女們，都愛在消防隊樓上的公寓內留宿過夜。因為早上一張開眼睛，就可以立刻去外面的樂園中盡情遊玩。有一次，小孫兒對華德說:「外公，我最喜歡住在這裡了。無論是白天或晚上，我好像都在美妙的夢境中呢。」

這樣一句天真的話語，竟給華

德帶來一個新的主意。他想，為什麼不在樂園內建造一個理想中的未來社區？社區內的構造，就像是一個城市的縮影。有供人居住的公寓樓，有醫院、學校、超級市場等一切公共設施，也有順暢的交通系統。這個社區裡每一個組成的部分，都要應用世界上最新穎的設計和最先進的科學技術，並將不斷的試驗、不斷的創新和不斷的改進。人們若能在這樣一個環境中生活，那就會像華德的小孫兒所說的「無論是白天或晚上，好像都在美妙的夢境中」了。

華德立刻把他的構想告訴了洛依。他並且興奮的說：「三哥，我們可以在迪士尼樂園中，蓋起這個新社區，稱它為 "EPCOT"，也就是『未來社區的典範』。」洛依低頭沉思了很久，才說：「老弟，你的主意不錯，但是這一回不僅是經費的問題了。你想想，這幾年來，你在樂園

裡東添西加的，哪兒還有空地讓你蓋新社區啊？我們年紀也大了，就別再搞什麼新花樣吧。」

華德不放棄的說：「三哥啊，人——永遠都要有夢想，活得才有意義，這和年紀無關。至於在實現的過程中，可能遭遇到的困難，那是可以盡量想辦法去解決的。三哥，請你再幫我一次吧。」

1965 年的秋天，迪士尼公司在美國東南角，佛羅里達州內的奧蘭多城，買下了一大片土地。這片土地大極了，比加州的迪士尼樂園還大了一百五十倍！足夠建造另一個迪士尼樂園和華德夢想中的新社區了。

為了與加州的迪士尼樂園區分開來，佛羅里達的新建工程就被稱為「迪士尼世界」。

不論是製片廠，或加州迪士尼樂園，都已經是非常成功的大企業了，洛依和華德不必再花太多的精

神去管理。兩兄弟集中了精力，一心想創造出另一個帶給人們驚喜的新樂園，和可以做為未來城市典範的新社區。

華德又一頭栽進了這個新的項目裡，認真而執著的工作著。但是他經常感到極度勞累和身體不適，加上多年來吸煙的壞習慣，使他劇烈的咳個不停。住院檢查的結果，發現他的肺部有一個核桃般大小的陰影。

1960 年代，「癌症」是個很可怕的字眼，那代表了不治之症。華德不願意讓公司的同事為他難過，而影響到他們工作的情緒，因此生病的事，只有親近的家人才知道。家人沉浸在悲哀之中，而華德卻為他們打氣，並繼續為「迪士尼世界」做著各種構想與設計。

但是，華德的身體越來越虛弱了，他極不情願的躺在醫院的病床上。身體的疼痛，使他無法轉動，

只好平躺著，眼睛盯著天花板。忽然，他發現一格一格的天花板，剛好可以讓他在腦中想像「迪士尼世界」中每一塊區域的設計。他全神貫注的想著，身體的疼痛就全忘光啦。

莉利安終日陪伴在華德的身邊，悉心照料著廝守了四十餘年的丈夫。洛依每天下班後，總會去醫院告訴華德有關新工程的進展。

有一個滿天星斗的晚上，華德對洛依說：「三哥，請你答應我，一定要完成『迪士尼世界』的計劃。」洛依輕輕拍著弟弟的手，眼睛望著窗外的星空，緩緩的說：「小弟，我也有一個夢想呢，那就是永遠幫助你去實現你的願望。放心吧，我們的夢想，最後不都達成了嗎？」

第二天早上，也就是 1966 年的 12 月 15 日，六十五歲的華德，帶著洛依給他的諾言，安然的離開了人世。全世界都為這個消息而震驚，

所有的人都悲痛不已。也有人哀戚的問：「那尚未完成的『迪士尼世界』，也將隨華德而去了嗎？」

洛依召開了一個緊急會議，他語氣堅定的對同事們說：「讓我們一起來完成華德要我們做的事吧！」

洛依比以前更賣力的工作，他要確定「迪士尼世界」中的每一個角落，都要達到華德理想中的標準。只有「EPCOT——未來社區的典範」是個長遠的計劃，洛依規劃好了地方，並造出部分的雛型，就像華德的預期，EPCOT將成為顯示未來世界的一個櫥窗，將不斷的試驗、不斷的創新和不斷的改進。

這樣辛苦耕耘了五年，1971 年 10 月 23 日，洛依在莉利安和米老鼠的陪伴下，主持了開幕典禮。他在致辭中說：「……我要將『迪士尼世界』，改名為『華德‧迪士尼世界』，所以人們永遠會記得這個充滿了歡樂的夢幻王國，原是起源於

華德的一個夢想。……我要感謝所有幫助完成我弟弟夢想的人們。希望在這裡，不同年紀、不同膚色、不同文化、不同身分的人，都能找到快樂、歡笑和對邁向未來的美好希望……」

洛依終於完成了弟弟華德最後的一個願望。兩個月後，1971年的12月21日，七十八歲的洛依，也告別了人間，去天上和華德相會了。

這個世界失去了一個偉大的天才——華德‧迪士尼，也失去了一個了不起的好兄長——洛依‧迪士尼。但他們兄弟倆留給人類的寶藏，將流傳萬世。

30 許願之星 讓人夢想成真

　　我……我的故……故事就到……到此結束。哎！人們也許想不到，像我這麼點兒的小蟋蟀，也會有豐富的感情。其實，每當我想到華德創造了我們這些卡通人物，又藉著我們把歡樂散佈在人間，我就激動得想掉淚。你們也都有同感，是嗎？

　　咦，那位新朋友，怎麼……怎麼你也熱淚盈眶，這麼激動的站起來，是不是有什麼話要說？

　　「是的。」新朋友擦了擦眼淚，說：「班吉明，謝謝你為我們講了這麼好聽的故事。我從小就是看迪士尼影片長大的。從我的爸爸媽媽拉著我的手，帶我去看『老黃狗』、『海角一樂園』、『歡樂滿人間』……，到我拉著我孩子的小手，一起去看『美女與野獸』、『獅子

王』、『阿拉丁』、『風中奇緣』、『花木蘭』……，只要是迪士尼製片廠出品的電影，都為我們全家帶來無數的歡笑。我們也曾經陪著父母和孩子，一起去過加州的『迪士尼樂園』，和佛羅里達州的『華德‧迪士尼世界』，那真是最最令人難忘的經驗啦，只要一進入那個夢幻王國，所有的人都變成了嘻嘻哈哈的小孩子了。我們在計劃著，今年要去東京的迪士尼樂園，明年要去巴黎的迪士尼樂園，後年還要去香港的迪士尼樂園，好好的遊玩一番呢！」

他停了一會兒，平息一下激動的情緒，繼續說:「我從來沒有想到過，這一切歡樂的創始人，華德‧迪士尼先生，是這樣一位偉大的傳奇人物。聽到他一生的經歷，給我許多的鼓勵和啟示。」他環視了一下周圍的卡通朋友們，包括那不知什麼時候趕來的，坐在門邊揉眼睛的

小矮人「瞌睡」。

他又說:「我真幸運,今天能遇到各位,你們全是我的銀幕偶像呢,希望今後年年的這個時候,我都能來老木匠家,和大家重聚。不過,現在,我想趕快回到自己的家中,把『華德‧迪士尼』的生平事跡寫下來,讓更多的人們,能知道這個動人的故事。」

太好了!等一會兒讓我 —— 小蟋蟀班吉明,施展我的看家本領,帶你跳著回去,很快就可以到你家啦。

※　　　　　※　　　　　※　　　　　※

那天晚上,他坐在書桌前,仰望著夜空,當第一顆明亮的星星出現時,他趕緊低下頭,許了一個願望。

許願之星,真能讓人的夢想成真嗎?

是的,他相信。要不然,這本書,怎麼會完成呢?

1901 年	12 月 5 日出生於美國芝加哥市。
1906 年	全家搬往密蘇里州的馬瑟林鎮上，經營農莊。
1910 年	父親賣掉農莊，遷往堪薩斯市。華德開始長達六年的送報生涯。
1917 年	父親投資在芝加哥的一家果凍公司，因此又搬回芝加哥。華德就讀於當地的麥金禮高中。
1918 年	華德從軍，加入紅十字會的美國救護車隊。第一次世界大戰結束後，被派往法國協助戰爭善後工作。
1919 年	華德回堪薩斯市，進入廣告公司做事。與繪畫奇才「烏比・艾維克」相識。二人成立「艾維克・迪士尼」公司，一個月後解散。
1920 年	華德與烏比進入堪薩斯市電影廣告公司，正式接觸卡通片製作。

1922 年	華德自組「歡笑卡通公司」。因經驗不足，又告失敗。
1923 年	赴好萊塢，與三哥洛依合組「迪士尼兄弟製片廠」。拍攝「愛麗絲喜劇系列」。
1925 年	洛依、華德先後結婚。
1926 年	「迪士尼兄弟製片廠」更名為「華德‧迪士尼製片廠」。
1927 年	推出「幸運兔子奧斯華」影集。
1928 年	米老鼠影集誕生。全世界第一部有聲卡通片「汽船威利」上演。
1932 年	世界第一部彩色卡通「花與樹」上演，並獲奧斯卡金像獎。
1933 年	推出影片「三隻小豬」，該片主題曲成為熱門流行歌曲。
1937 年	推出世界第一部卡通劇情長片「白雪公主」。
1940 年	「木偶奇遇記」與「幻想曲」先後上演。
1941 年	「華德‧迪士尼製片廠」遇罷工風波。後又被徵用為第二次世界大戰期間的臨時軍營。
1942 年	「小鹿斑比」首演。

1948 年	參觀芝加哥火車博覽會後，再度激發對火車的喜好和熱情。
1954 年	為美國廣播電視公司製作「迪士尼樂園」電視節目。
1955 年	7 月 17 日，夢幻王國「迪士尼樂園」在加州安那罕正式開放。
1964 年	8 月 27 日，影片「歡樂滿人間」首演，獲十三項奧斯卡金像獎提名，其中五項得到金像獎。
1965 年	宣佈在佛羅里達州建「迪士尼世界」的計劃。
1966 年	12 月 15 日，華德病逝。洛依繼續「迪士尼世界」建造工程。
1971 年	10 月 23 日「迪士尼世界」開幕，並更名為「華德・迪士尼世界」。12 月 21 日，洛依病逝。

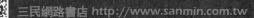

國家圖書館出版品預行編目資料

從米老鼠到夢幻王國：華德‧迪士尼 / 張燕風著;郜欣
繪.——初版四刷.——臺北市：三民，2014
　　面；　　公分.——(兒童文學叢書／世紀人物100)

ISBN 978-957-14-4406-2 (平裝)

1. 迪士尼(Disney, Walt, 1901-1966)—傳記—通俗
作品

785.28　　　　　　　　　　　　　　　　94024006

ⓒ　從米老鼠到夢幻王國：華德‧迪士尼

著 作 人	張燕風
主　　編	簡宛
繪 者	郜欣
發 行 人	劉振強
著作財產權人	三民書局股份有限公司
發 行 所	三民書局股份有限公司
	地址　臺北市復興北路386號
	電話　(02)25006600
	郵撥帳號　0009998-5
門 市 部	(復北店)臺北市復興北路386號
	(重南店)臺北市重慶南路一段61號
出版日期	初版一刷　2006年9月
	初版四刷　2014年8月修正
編　　號	S 781730

行政院新聞局登記證局版臺業字第○二○○號

有著作權‧不准侵害

ISBN　978-957-14-4406-2　(平裝)

http://www.sanmin.com.tw　三民網路書店

※本書如有缺頁、破損或裝訂錯誤，請寄回本公司更換。